중국어 회화

동인랑

우리가 쉽게 느끼는 것처럼 중국어의 필요성은 이미 영어를 넘어서고 있다. 한국의 1위 무역상대국은 이미 중국이 되었고, 대학에 가보면 중국유학생이 전체 유학생의 대다수를 차지하고, 국제결혼으로 한국에 오는 사람들도 중국 사람이 단연 많은 것을 알 수 있다.

이런 추세에 따라 중국어를 공부하는 사람들도 늘어 나고 교재도 많이 출판되고 있는데, 이 책은 중국어를 공부하는 불특정 다수를 만족시키기 보다는 매장과 식당 등 중국인을 직접 만나 물건을 팔고 서비스를 제공하는 분들을 위해 맞춤으로 만들어진 책이다.

입문자들은 잘 알지 못하지만 대다수의 중국어 교재에는 많은 오류들이 있다. 아무리 중국에 오래 살아도 중국어를 중국인처럼 구사하기는 힘들기 때문이다. 이 책은 중국에서 석박사를 공부한 한국인과 한국에서 대학과 석사과정을 마친 중국인이 서로 고민하고 의견을 교류해 완성한 책이다.

이 책은 실사구시의 정신에 따라 **실제 매장에서 쓰이는 단어를 중심**으로 복잡하지 않고 **간결하면서도 정확히 자신의 의사를 중국인에게 말할 수 있도록 구성**하였다. 초보자들을 위해 한글로 발음을 적었지만 시간이 좀 지나고 익숙해지면 중국식 발음에 좀 더 비슷하게 다가가는 노력을 해주길 바란다.

세상의 변화는 아주 작은 것에서 시작된다는 말을 하고 싶다. 물이 99도에서 1도가 더해지는 작은 변화를 통해 끓어오르는 것처럼 말이다. 남들과 다른 작은 차이를 통해 당신은 큰 성공을 이룰 수 있다. 이 책을 통해 중국인과 더욱 가까워지고 매상이 많이 오를 수 있기를 기대해 본다.

끝으로 여러 차례 수정작업에 참여해준 강남대학교 사경초, 위흔, 고준모, 임영혜, 임서연, 석은희, 김미진 님께 감사의 뜻을 전한다.

CONTENTS

PART 1　꼭 알아두기

PART 2　우선 알아두기

PART 3 ♀ 상황에 따른 회화

PART 4 ☁ 부록 - 한·중 단어장

PART 1

꼭 알아두기

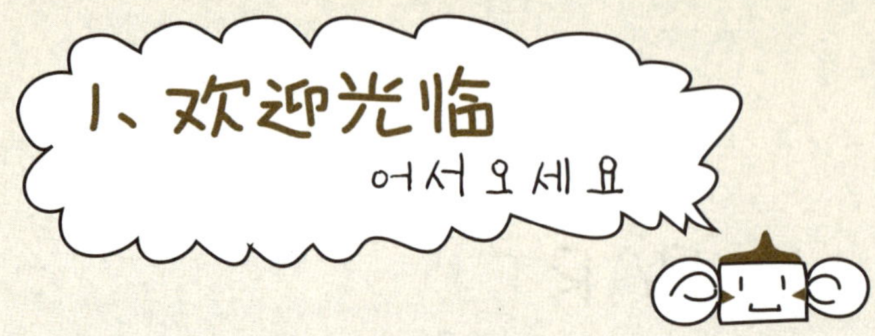

중국의 상점이나 백화점에서 손님을 맞이하면서 하는 말이 **欢迎光临** 환잉광린 이다. **왕림을 환영**欢迎 **한다**는 의미이다. 왕림이 광림 光临 으로 빛 광光 자가 들어간 것은 후광이 있는 높은 사람이 방문한다고 상대방을 높여주는 의미이다.

중국의 재래시장에 가면 판매 상품을 열거하고 **欢迎光临**이라고 녹음을 해서 반복해 들려주는 경우가 있다.

중국인들은 보통 고개를 크게 숙이면서 인사하지 않기 때문에 손님에게 그냥 웃는 모습으로 이 말을 해주면 된다.

☆ 이렇게도 말할 수 있다

★ 어서오세요. 환영합니다　　**欢迎光临** 환잉광린

★ 안녕하세요.　　**您好** 닌 하오

★ 들어오세요.　　**请进** 칭 찐

★ 천천히 보세요.　　**请慢慢看** 칭 만만칸

★ 감사합니다.　　**谢谢** 씨에 씨에

정말 죄송합니다.

真抱歉。 쩐 빠오치엔
Zhēn bào qiàn

많이 보살펴 주세요.

请多多关照。 칭 뚜오뚜오 꽌짜오
Qǐng duō duō guàn zhào

이리로 오세요.

请到这儿。 칭 따오 쩔
Qǐng dào zhè er

알겠습니다.

好的。 하오더
Hǎo de

잠시만 기다려주세요.

请稍等。 칭 샤오 떵
Qǐng shāo děng

중국어는 우리나라처럼 존대말이 잘 발달되어 있지 않다. 그러므로 일반 회화체를 써도 그다지 실례가되지 않는다. 부탁이나 명령어는 문장에서 주어 없이 동사가 가장 먼저 나오는데, 앞에 **请** 칭 을 붙이면 자연스럽게 존대말로 변한다. 예를 들어 **进** 찐 은 들어와 or 들어와요 이며, **请进** 칭 찐 은 들어오세요 로 좀 더 공손한 어감을 가진다.

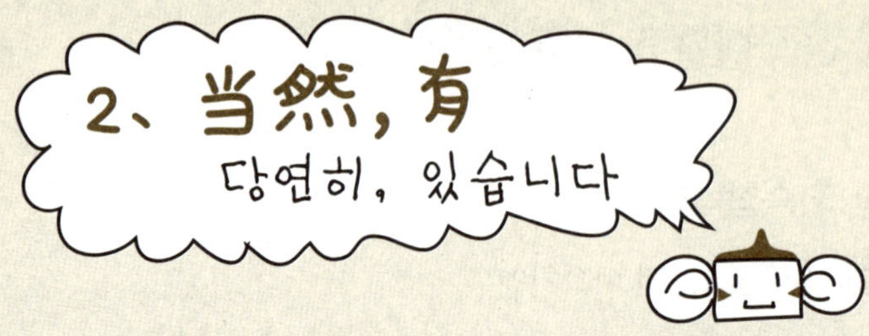

손님이 有요우~? ~이 있습니까? 라고 물어오면, 有라고 간단하게 대답하면 된다. '물어오는 상품을 중국어로 모르면 어쩌지' 하고 걱정할 필요는 없다. 외부에서 상점의 성격을 알고 들어오기 때문에 옷가게에 들어와 음료수 찾지 않고, 안경점에 와서 손목시계를 찾지 않는다. 문제는 가게의 주요 상품들을 중국어로 외우고 있느냐는 것이다.

☆ 기본적인 대화

★ 손목시계 있습니까?

有手表吗? 요우 쇼우빠오 마
Yǒu shǒu biǎo ma

➡ 있습니다.

有。요우
Yǒu

★ 큰 것 있습니까?

有大的吗? 요우 따더 마
Yǒu dà de ma

➡ 없습니다.

没有。 메이요우
Méi yǒu

★ 작은 것 있습니까?

有小的吗? 요우 샤오더 마
Yǒu xiǎo de ma

➡ 죄송합니다만, 없습니다.

真抱歉，没有。
Zhēn bào qiàn, méi yǒu
쩐 빠오치엔, 메이요우

다른 색이 있습니까?

有别的颜色吗? 요우 삐에더 옌써 마

Yǒu bié de yán sè ma

→ 당연하죠.

当然。 땅란

Dāng rán

→ 검은색이 있습니다.

有黑色的。 요우 해이써 더

Yǒu hēi sè de

신모델 있습니까?

有新款式吗? 요우 신콴씨 마

Yǒu xīn kuǎn shì ma

→ 있습니다. 지난달에 나왔습니다.

有，上个月出的。 요우, 샹거웨 추더

Yǒu, shàng gè yuè chū de

손님이 어떤 것을 찾는지 알아낼 수 있는 동물적 감각이 필요하다. 첫단추가 빨리 잘 끼워지면 물건의 이어지기 쉽다. 그리고 너무 당연한 질문을 할 때는 **当然** 땅란 이라고 고급 중국어 한마디를 던지는 센스도 필요하다. 중국손님의 얼굴에 자연스런 미소를 만들어낼 수 있다.

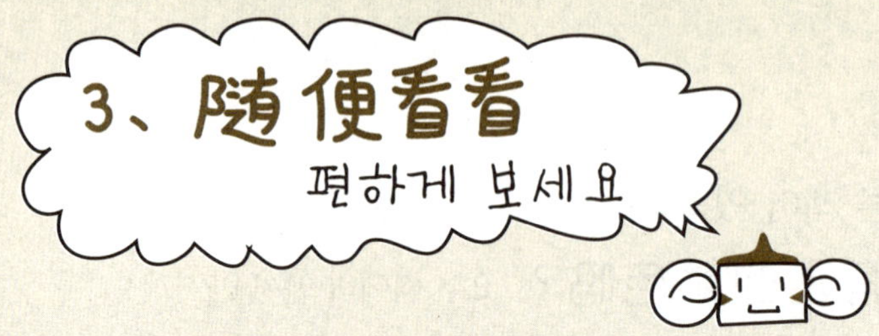

손님이 가게에 들어왔다는 것 자체가 상당히 고마운 일이다. 손님이 있는 가게는 손님이 전혀 없는 가게보다 지나가던 사람들이 더 찾는다. 전혀 물건을 사지 않을것 같은 사람이라도 반갑게 맞아야 한다. 특히 중국사람들은 외모에 신경을 덜 쓰기 때문에 첫인상으로 쉽게 판단하기 힘들다. 구질구질해 보이는 사람도 우리나라 여행을 올 정도면 중산층에 속하고 수십만원에서 수백만원까지 지갑을 열 능력이 있다.

☆ 기본적인 대화

* 저것 보고 싶어요.

我想看这个。 워 샹칸 쩌거
Wǒ xiǎng kàn zhè gè

* 편하게 보세요.

随便看看。 수이비엔 칸칸
Suí biàn kàn kàn

* 여기 있어요.

给您。 게이 닌
Gěi nín

* 얘야, 여기 있다.

小朋友，给你。
Xiǎo péng you gěi nǐ
샤오펑요, 게이 니

* 어때요?

怎么样？ 쩐머양
Zěn me yàng

어울려요?

适合吗? 스허 마
Shì hé ma

➡ 아주 좋습니다.

很不错。 헌 부추오
Hěn bú cuò

➡ 알아서 하세요. 좋아하시면 됐죠.

随便, 只要你喜欢。 수이비엔, 찌야오 니 씨환
Suí biàn, zhǐ yào nǐ xǐ huan

안쪽으로 보세요.

到里面看看。 따오 리미엔 칸칸
Dào lǐ miàn kàn kàn

바같쪽에도 있습니다.

外边也有。 와이삐엔 예 요우
Wài biān yě yǒu

마음 편하게 둘러볼 수 있도록 **随便看看** 수이비엔 칸칸 을 자주
사용하면 좋다. 안쪽이나 바깥쪽으로 손님을 안내하면서 여
러 상품들을 볼 수 있도록 배려하는 것이 필요하다.
친구 **朋友** 펑요우 라는 표현과 어린 아이 **小朋友** 샤오펑요우 라는
표현도 알아두면 좋다.

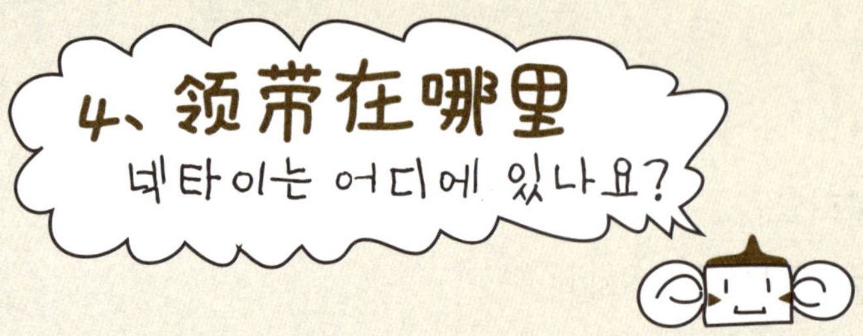

상점이 크면 상품의 위치를 물어오는 경우가 많다. ~**在那里** 짜이나리는 ~은 어디에 있습니까? 라는 표현으로, 2층에 있으면 2층이라고 말하면서 손으로 2를 나타내면 좋다.
외국사람과 교감을 할때는 언어 이외에 표정이나 손짓이 커뮤니케이션의 큰 부분을 차지하기도 한다.

☆ 기본적인 대화

★ 넥타이는 어디에 있나요?

领带在哪里？
Lǐng dài zài nǎ lǐ
링따이 짜이 나리

→ 건너편에 있어요.

在对面。 짜이 뚜이미엔
Zài duì miàn

→ 3층에 있습니다.

在三层。 짜이 산청
Zài sān céng

★ 화장실은 어디죠?

洗手间在哪里？
Xǐ shǒu jiān zài nǎ lǐ
씨쇼우찌엔 짜이 나리

→ 2층입니다.

在二层。 짜이 알청
Zài èr céng

저쪽 입니까?

那边吗？ 나 삐엔 마
Nà biān ma

→ 잘 모르겠어요.

不太清楚。 부타이 칭추
Bú tài qīng chǔ

슈퍼마켓은 어디에 있나요?

超市在哪里？ 차오스 짜이 나리
Chāo shì zài nǎ lǐ

→ 지하에 있습니다.

在地下。 짜이 띠샤
Zài dì xià

계산대 오른쪽에 있어요.

收银台在右边。 쇼우인타이 짜이 요우삐엔
Shōu yín tái zài yòu biān

전후좌우를 나타내는 앞쪽 前边 첸삐엔, 뒤쪽 后边 호우삐엔, 오른쪽 右边 요우삐엔, 왼쪽 左边 줘삐엔 이라는 단어는 아주 요긴하게 쓰인다.
그리고 계산대와 화장실은 사용빈도가 높다.

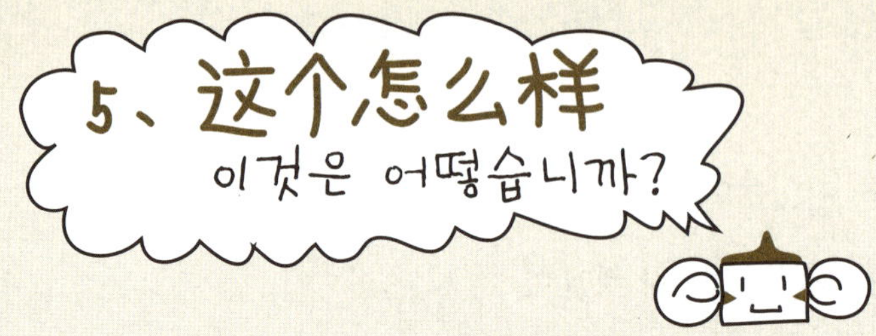

~**怎么样** 쩐머양 ~은 어떻습니까? 라는 표현은 손님에게 물건을 권하거나 의견을 말할 때 사용하는 말로 상점에서 가장 많이 사용하는 말 중의 하나이다.

손님에게 상품을 권하는 것은 판매를 하는 사람에게는 매우 중요한 일이다. 중국관관객은 한국 상점에 익숙하지 않기 때문에 묻는 말에만 답하지 말고 적극적으로 권해보도록 하자.

☆ 기본적인 대화

★ 이것은 어떻습니까?

这个怎么样？ 쩌거 쩐머양
Zhè gè zěn me yàng

➡ 저것이 더 좋습니다.

那个更好。 나거 껑하오
Nè gè gēng hǎo

★ 이 색깔은 어떻습니까?

这颜色怎么样？
Zhè yán sè zěn me yàng
쩌 옌써 쩐머양

➡ 별 차이가 없습니다.

差不多。 차 부뚜오
Chā bù duō

16

큰 것은 어떻습니까?

有大的吗？ 요우 따더 마
Yǒu dà de ma

→ 작은 것이 좋습니다.

我喜欢小的。 워 씨환 샤오더
Wǒ xǐ huan xiǎo de

긴 것이 좋습니까?

长的好吗？ 창더 하오 마
Cháng de hǎo ma

→ 짧은 것이 더 좋습니다.

短的更好。 뚜완 더 껑 하오
Duǎn de gèng hào

이 소재는 어떻습니까?

这材料怎么样？ 쩌 차이랴오 쩐머양
Zhè cái liào zěn me yàng

→ 네, 좋습니다.

对，不错。 뚜이, 부추오
Duì, bú cuò

크다, 작다, 길다, 짧다 뒤에 **的** 더 를 붙이면 **~한 것** 이 된다. 大的 따더 **큰 것**, 短的 두안더 **짧은 것** 으로 쓰이며 좋아하다 喜欢 씨환 뒤에 的가 오면 **좋아하는 것** 이 된다.

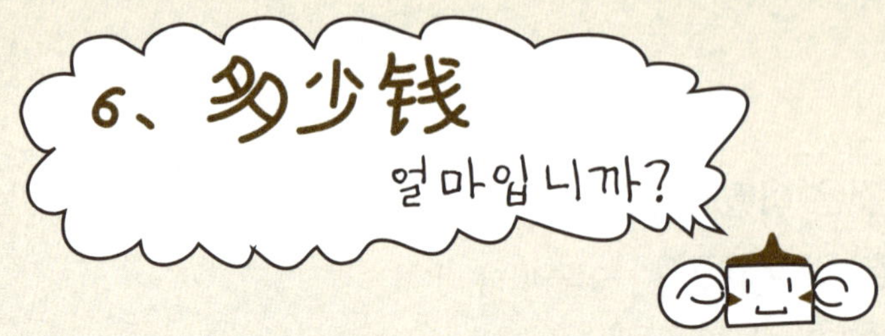

손님이 ～**多少钱** 뚜오샤오치엔 ～은 얼마입니까? 라고 물어 오면,
～**韩元** 한웬。(한국돈) ～입니다. 라고 대답한다. 처음 중국어가 익숙하지 못하면 계산기를 가지고 가격을 알려주는 것이 확실하다. 그러나 발음만 다를 뿐, 중국어의 숫자 읽는 방법은 우리와 같기 때문에 한 번 외우면 계속 활용할 수 있다.

기본적인 대화

★ 얼마입니까?　　　**多少钱？** 뚜오샤오치엔
　　　　　　　　　　Duō shǎo qián

→ 2만원입니다.　　　**两万韩元。** 량완 한웬
　　　　　　　　　　Liǎng wàn hán yuán

★ 이것은 얼마입니까?　**这个多少钱？** 쩌거 뚜오샤오치엔
　　　　　　　　　　Zhè gè duō shǎo qián

→ 3만 5천원입니다.　**这个是三万五千韩元。**
　　　　　　　　　　Sān wàn wǔ qiān hán yuán
　　　　　　　　　　산완 우치엔 한웬

★ 좀 깍아주세요.　　　**便宜点吧。** 피엔이 띠엔빠
　　　　　　　　　　Piàn yí diǎn ba

→ 이미 아주 쌉니다.　**已经很便宜了。** 이찡 헌 피엔이러
　　　　　　　　　　Yǐ jīng hěn piàn yí le

얼마까지 됩니까?

最低能多少钱？ 쭈이띠 넝 뚜오샤오치엔
Zuì dī néng duō shǎo qián

→ 가장 싸게 3만(원)에 드릴 수 있습니다.

最低能给你三万。 쭈이띠 넝 게이니 산완
Zuì dī néng gěi nǐ sān wàn

전부 얼마입니까?

一共多少钱？ 이꽁 뚜오샤오치엔
Yí gòng duō shǎo qián

→ 전부 11만원입니다.

一共十一万元。 이꽁 스이완웬
Yí gòng shí yī wàn yuán

중국돈으로 얼마입니까?

人民币多少钱？ 런민삐 뚜오샤오치엔
Rén mín bì duō shǎo qián

→ 중국돈으로는 500위안입니다.

人民币五百元。 런민삐 우바이웬
Rén mín bì wǔ bǎi yuán

한 사람당 얼마인가요?

每个人多少钱？ 메이거런 뚜오샤오치엔
Měi gè rén duō shǎo qián

→ 일인당 4만원입니다.

每个人四万。 메이거런 스완
Měi gè rén sì wàn

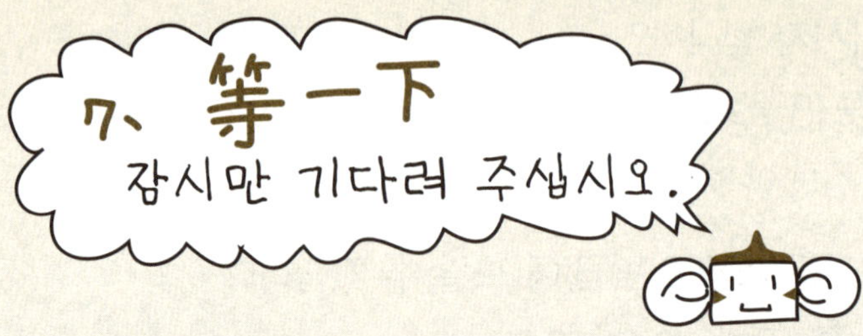

等一下 덩이샤 。 기다려 주세요. 는 전화응대나 매장, 식당 등에서 반복적으로 사용되는 말이다.
快点 콰이띠엔。 이라고 말하면서 손님이 재촉하는 경우도 있다. 기다리는 고객은 보통 조급해하는 경우가 많으니 대략 얼마정도 기다려야 한다고 시간을 알려주는 것도 좋다.

☆ 기본적인 대화

★ 기다려 주세요.

等一下。 덩이샤
Děng yī xià

★ 죄송합니다. 기다려 주십시오.

对不起，请稍等。
Duì bù qǐ， qǐng shāo děng
뚜이부치, 칭찌샤오덩

★ 오래 기다리셨습니다.

等很久了吧。
Děng hěn jiǔ le ba
덩 헌 지우러바

★ 얼마나 기다려야 합니까?

需要等多久？
Xū yào děng duō jiǔ
쑤야오 덩 뚜오찌우

→ 5분정도 기다려야 합니다.

需要等五分钟。
Xū yào děng wǔ fēn zhōng
쑤야오 덩 우펀쫑

확인할 때까지 기다려 주세요.

请等待确认。 칭 덩따이 최런
Qǐng děng dài què rèn

빨리 좀 해주세요.

请快点。 칭 콰이띠엔
Qǐng kuài diǎn

바로 나옵니다.

很快出来。 헌 콰이 추라이
Hěn kuài chū lái

바로 됩니다.

马上。 마샹
Mǎ shàng

다시 오실 필요 없습니다. 물건이 바로 도착합니다.

不用再来一趟，货马上到。
부용 짜이라이 이탕, 훠 마샹 따오
Bù yòng zài lái yí tàng, huò mǎ shàng dào

기다려 주세요, 직원이 거스름돈을 가져옵니다.

请等一下，服务员拿零钱过来。
칭 덩이샤, 푸우웬 나 링치엔 꾸오라이
Qǐng děng yí xià, fú wù yuán ná líng qián guò lái

손님이 물건을 기다린다는 것은 이미 문지방을 넘었기 때문에 기다리는 시간이 좀 길어도 기다려 사고 싶은 물건을 사게 된다. **很快** 헌 콰이 (=**马上** 마샹)。라고 말하며 손님을 안심시키는 것이 좋다.
马上 마샹 은 '말 위에 올라타 바로 출발한다' 는 의미로 아주 가까운 미래를 말한다.

PART 2
우선 알아두기

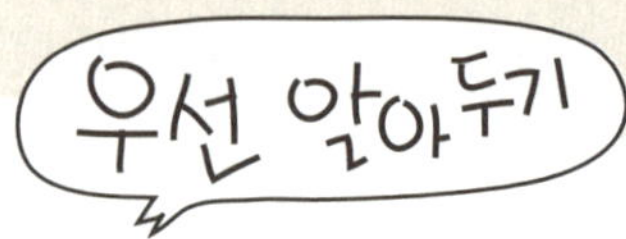

환잉광린
欢迎光临。 어서 오십시오.

보통 손님이 상점에 들어 왔을 때 하는 인사말이다. 상점이나 가정집 모두 손님이 왔을 때는 **请进** 칭찐 이라고 한다.

환잉광린, 요우 따저 훠똥
→ 欢迎光临。有打折活动。 어서오십시오, 세일중입니다.
Huān yíng guāng lín, yǒu dǎ zhé huó dòng

닌 하오
您好。 안녕하십니까?

샤우 하오
→ 下午好。 안녕하십니까? 오후인사
Xià wǔ hǎo

완 샹 하오
→ 晚上好。 안녕하십니까? 저녁인사
Wǎn shàng hǎo

쑤야오 션머 빵주 마
需要什么帮助吗? 무엇을 도와드릴까요?

손님이 상점에 들어와 구경을 하고 있을 때, 다가가 말을 걸 때 사용한다.

어서오십시오, 새해 복 많이 받으세요. 새해

欢迎光临。新年快乐。 환잉광린. 씬니엔 콰이러
Huān yíng guāng lín. xīn nián kuài lè

어서오십시오, 지금은 세일중입니다. 세일중

请进，有打折活动。 칭찐, 요우 따저 훠똥
Qǐng jìn, yǒu dǎ zhé huó dòng

어서오십시오, 오늘 특별세일을 하고 있습니다. 세일중

请进，今天有特价活动。 칭찐, 찐티엔 요우 테쨔 훠똥
Qǐng jìn, jīn tiān yǒu tè jià huó dòng

어서오십시오, 신제품이 나와 있습니다. 신제품

欢迎光临，有新产品。 환잉광린, 요우 씬샹핀
Huān yíng guāng lín, yǒu xīn chǎn pǐn

천천히 구경하십시오. 권유

请慢慢看。 칭 만만칸
Qǐng màn màn kàn

한번 착용해 보십시오. 시착

请试一下。 칭 스 이샤
Qǐng shì yí xià

쩌거 쩐머양

这个怎么样?　　　이것은 어떻습니까?

나거 쩐머양
→ 那个怎么样?　　저것은 어떻습니까?
　Nà gè zěn me yàng

쭈이 훙더

最红的。　　　가장 인기가 있습니다.

红은 붉다는 표현으로 인기있는 상품, 유명하다는 의미로 쓰인다.

쩌거 피엔이

这个便宜。　　　이것이 쌉니다.

가격은 중요한 것으로 다른 것보다 싸거나 좋다는 것을 강조하면 매상을 올리는데 도움이 된다.

쩌거 스 찐티엔 테쨔더
→ 这个是今天特价的。　　이 상품은 오늘 특가입니다.
　Zhè gè shì jīn tiān tè jià de

26

이것이 지금 가장 잘 나갑니다.

这个现在最红。　　쩌거 씨엔짜이 쭈이 홍
Zhè gè xiàn zài zuì hóng

那个 저 것　｜　这东西 그 물건
nà gè　　　　　zhè dōng xī

매우 **튼튼**합니다.

很结实。　　헌 찌에스
Hěn jié shí

便利 편리　｜　实用的 실용적
biàn lì　　　　shí yòng de

참 맛있습니다.

很好吃。　　헌 하오츠
Hěn hǎo chī

아주 신선합니다.

很新鲜。　　헌 씬씨엔
Hěn xīn xiān

매우 아름답습니다.

非常漂亮。　　페이창 퍄오량
Fēi cháng piào liàng

非常은 정상적이지 않다는 의미로 매우, 아주라는 뜻이다. **很**보다 강한 표현이다.

수수합니다.

朴素。　　푸수
Pǔ sù

무엇을 원하십니까?

您需要什么？ 닌 쑤야오 션머
Nín xū yào shén me

이 **색**이 요즘 유행입니다.

最近很流行这个颜色。 쭈이찐 헌 류씽 쩌거 옌써
Zuì jìn hěn liú xíng zhè gè yán sè

바꿔말하기

设计 디자인	**材料** 소재	**T恤** 티셔츠
shè jì	cái liào	T xù

이것이 지금 유행하고 있습니다.

这个现在很流行。 쩌거 씨엔짜이 헌 류씽
Zhè gè xiàn zài hěn liú xíng

분홍색이 이번 봄의 유행색입니다.

这个春天很流行粉红色。 쩌거 춘티엔 헌 류씽 펀홍써
Zhè gè chūn tiān hěn liú xíng fěn hóng sè

최신상품입니다.

最新商品。 쭈이신 샹핀
Zuì xīn shāng pǐn

바꿔말하기

流行商品 유행상품	**特价商品** 특가상품
liú xíng shāng pǐn	tè jià shāng pǐn

사용법이 **간단**합니다.

使用方法简单。 스용 팡파 찌엔딴
Shǐ yòng fāng fǎ jiǎn dān

바꿔말하기

复杂 fù zá 복잡

28

여러가지 **색깔**이 있습니다.

有各种颜色。 요우 꺼쫑 옌써
Yǒu gè zhǒng yán sè

尺寸 사이즈　**设计** 디자인
chǐ cùn　　　shè jì

선물용입니다.

礼品。 리핀
Lǐ pǐn

착용감이 좋습니다.

使用感觉好。 스용 간쮀에 하오
Shǐ yòng gǎn jué hǎo

믿을 수 있습니다.

可靠。 커 카오
Kě kào

젊은이들이 아주 좋아합니다.

年轻人很喜欢。 니엔칭런 헌 씨환
Nián qīng rén hěn xǐ huān

女人 여성　**男人** 남성　**学生** 학생
nǚ rén　　nán rén　　xué shēng

말할 필요도 없습니다.(=아주 좋다)

不用说了。 부용 수오러
Bú yòng shuō le

뚜오샤오치엔

多少钱?　　　　얼마입니까?

쩌 치엔빠오 뚜오샤오 치엔
→ 这钱包多少钱?　　이 지갑은 얼마입니까?
Zhè qián bāo duō shǎo qián

이완 한삐

一万韩币。　　　만원입니다.

화폐단위는 생략이 가능하다. 중국돈이나 달러가격을 표시하는 것도 도움이 된다.
인민폐는 人民币 rén mín bì 런민삐, 미국달러는 美金 měi jīn 메이찐 이다.

링치엔

零钱。　　　　거스름돈입니다.

부용 짜오 링치엔 러
→ 不用找零钱了。　　거스름돈 필요 없습니다.
Bú yòng zhǎo líng qián le

얼마입니까?

多少钱？ 뚜오샤오치엔
Duō shǎo qián

→ 37,000원입니다.

三万七千韩元。 산완 치치엔 한웬
Sān wàn qī qiān hán yuán

→ 네, 90만원입니다.

对，九十万韩元。 뚜이, 찌우스완 한웬
Duì, jiǔ shí wàn hán yuán

→ 모두 16만원입니다.

一共十六万韩元。 이꽁 스류완 한웬
Yí gòng shí liù wàn hán yuán

→ 1,400**원**입니다.

一千四百韩元。 이치엔 스바이 한웬
Yì qiān sì bǎi hán yuán

활용

돈에 쓰이는 양사로 **块钱** kuài qián 콰이 치엔이 있다. 문서보다 대화에서 많이 쓰이는 표현이다. **块**는 덩어리, **钱**은 돈을 의미한다.

→ 5,600원입니다.

五千六百韩元。 우치엔 류바이 한웬
Wǔ qiān liù bǎi hán yuán

一个一万韩元。 이거 이완 한웬

Yí gè yí wàn hán yuán

包括运费一万三千七百韩元。

빠오쿠오 윈페이 이완 산치엔 치바이 한웬

Bāo kuò yùn fèi yí wàn sān qiān qī bǎi hán yuán

바꿔말하기

服务费 서비스료　包 가방
fú wù fèi　　　　bāo

你找错钱了。 니 자오 추오 치엔 러

Nǐ zhǎo cuò qián le

找你九千韩元。 짜오니 찌우 치엔 한웬

Zhǎo nǐ jiǔ qiān hán yuán

商品全价出售。 샹핀 취안쨔 추쇼우

Shāng pǐn quán jià chū shòu

바꿔말하기

半价 반값　特价 특가
bàn jià　　tè jià

优惠价 우대가격
yōu huì jià

打折。 따저

Dǎ zhé

我忘了拿零钱。 워 왕러 나 링치엔

Wǒ wàng le ná líng qián

우리가게가 가장 쌉니다.

我们店是最便宜的。 워먼 띠엔 스 쭈이 피엔이더
Wǒ men diàn shì zuì pián yi de

비싸지 않습니다.

不贵。 부꿔
Bú guì

상자는 유료입니다.

箱子是收费的。 샹즈 스 쇼우페이 더
Xiāng zi shì shōu fèi de

바꿔말하기

包装 포장 | **货运** 배달
bāo zhuāng | huò yùn

3,000원 할인했습니다.

便宜三千韩元。 피엔이 산치엔 한웬
Pián yi sān qiān hán yuán

이 이상 싸게는 안됩니까?

能再便宜吗？ 넝 짜이 피엔이 마
Néng zài pián yi ma

이 이상 싸게는 안됩니다.

不能再便宜了。 부넝 짜이 피엔이 러
Bù néng zài pián yi le

활용

더 깍아줄 수 있을 때는 **可以**
kě yǐ 커이 라고 대답한다.

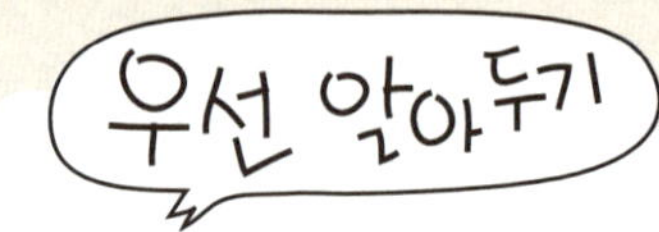

칭 스 이샤

请试一下。 착용해 보세요.

시험삼아 해보세요 라는 뜻으로, 입다, 모자를 쓰다, 신을 신다, 음식을 먹다 등의 여러 가지 뜻을 포함하고 있다.

칭 라이 이샤
→ 请来一下。 한번 와 보세요.
　Qǐng lái yí xià

워 야오스 추완 이샤

我要试穿一下。 한번 입어보겠습니다.

손님이 옷을 착용해보고 싶을 때 하는 말이다. 시착이 가능한지 유무를 상점에 간단하게 적어 놓는 것도 좋은 방법이다.

워 야오 스 허 이샤
→ 我要试喝一下。 한번 마셔 보겠습니다.
　Wǒ yào shì hē yí xià

헌 스허 닌

很适合您。 잘 어울립니다.

손님이 옷을 입어 보거나 신발 등을 신어 보았을 때, 잘 반응해주는 것이 장사의 기본이다. 그러나 물건을 팔기 위해서 과장되게 칭찬을 할 필요는 없다.

쩌 옌써 헌 스허 타
→ 这颜色很适合他。 이 색깔이 그에게 잘 어울립니다.
　Zhè yán sè hěn shì hé tā

이 **바지**를 입어 보시지 않겠습니까?

不试穿一下这裤子吗？ 부 스 추안 이샤 쩌 쿠쯔 마
Bú shì chuān yī xià zhè kù zǐ ma

바꿔말하기

裙子 스커트
qún zǐ

牛仔裤 청바지
niú zǎi kù

이 구두를 신어 보지 않겠습니까?

不试穿一下这皮鞋吗？ 부 스 추안 이샤 쩌 피씨에 마
Bú shì chuān yī xià zhè pí xié ma

모자를 써보십시오.

请试一下帽子。 칭 스 이샤 마오쯔
Qǐng shì yī xià mào zǐ

한 번 **드셔** 보십시오.

请尝一下。 칭 창 이샤
Qǐng cháng yí xià

바꿔말하기

穿 입다, 신다
chuān

이것을 입어 보지 않겠습니까?

不穿一下这个吗？ 부 추안 이샤 쩌거마
Bù chuān yī xià zhè gè ma

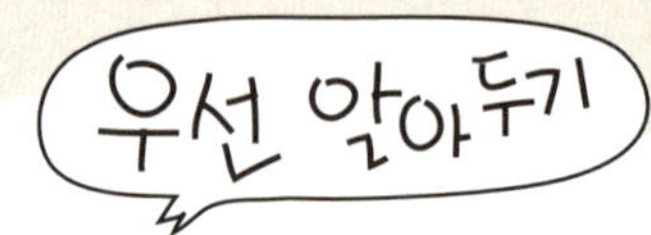

쩐양 빠오쭈앙

怎样包装?　　　　　어떻게 포장할까요?

쩐양 씨에
→ 怎样写?　어떻게 쓸까요?
Zěn yàng xiě

땅란 커이 송훠샹면

当然可以送货上门。　물론 배달도 됩니다.

손님이 배달도 가능하냐고 물어오면, 가능할 경우 이름, 주소, 전화번호 등을 정확히 적어 받도록 한다.

땅란 커이 추
→ 当然可以去。　물론 가도 됩니다.
Dāng rán kě yǐ qù

빠오쭈앙 스 미엔페이더

包装是免费的。　　　포장은 무료입니다.

포장이나 운송료 등이 무료가 아니라 유료일 때는 정확한 가격을 말해준다.

인랴오 스 미엔페이 더
→ 饮料是免费的。　음료수는 무료입니다.
Yǐn liào shì miǎn fèi de

어떻게 포장할까요?

怎样包装? 쩐양 빠오쭈앙
Zěn yàng bāo zhuāng

➡ **따로따로** 싸 주십시오.

分开包装吧。 펜카이 빠오쭈앙 빠
Fēn kāi bāo zhuāng ba

바꿔말하기

一起 함께 | 全部 전부
yì qǐ | quán bù

선물용으로 포장해드릴까요?

需要礼品包装吗? 쑤야오 리핀 빠오쭈앙 마
Xū yào lǐ pǐn bāo zhuāng ma

➡ 네.

是的。 스더
Shì de

며칠정도 걸립니까?

需要几天? 쑤야오 찌티엔
Xū yào jǐ tiān

➡ **3일**정도 걸립니다.

需要三天。 쑤야오 산티엔
Xū yào sān tiān

바꿔말하기

五天 5일 | 一星期 1주일
wǔ tiān | yì xīng qī

Track
13

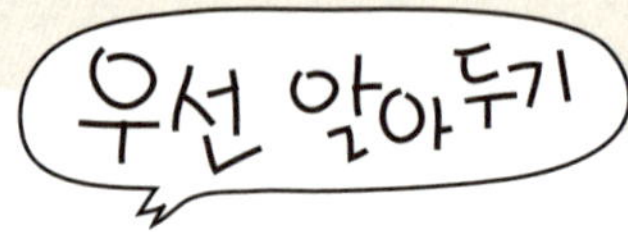

뚜이마

对吗?

맞습니까?

계산할 물건을 마지막으로 확인하고 가격·개수 등을 마지막으로 말한 후에 손님에게 동의를 구하는 표현이다.

따저 뚜이마
→ 打折对吗?　　할인 맞습니까?
　Dǎ zhé duì ma

이꽁 이완 한웬

一共一万韩元。

합계 만원입니다.

이꽁 산거
→ 一共三个。　　모두 세개입니다.
　Yí gòng sān gè

쇼우 우치엔한웬

收五千韩元。

5천원 받았습니다.

손님에게서 물건값을 받으면, 얼마를 받았는가를 확인하여 말하는 것이 중요하고 오해가 없다.

쇼우 스 핑 찌우 치엔
→ 收四瓶酒钱。　술 네 병 값을 받았습니다.
　Shōu sì píng jiǔ qián

20%할인 했습니다.

打8折了。 따 빠저러
Dǎ bā zhé le

중국은 할인표현법이 다르다.
20%할인의 경우 8折라고 표현
한다. 40%할인은 6折이다.

감사합니다. 25만원 받았습니다.

谢谢，收您25万韩元。 씨에씨에, 쇼우 닌 얼스우완 한웬
Xiè xiè, shōu nín èr shí wǔ wàn hán yuán

오래 기다리셨습니다.

久等了。 찌우 덩러
Jiǔ děng le

거스름돈 500원입니다, 받으십시오.

这是500韩元，给您。 쩌 스 우바이 한웬, 게이닌
Zhè shì wǔ bǎi hán yuán, gěi nín

또, 와 주십시오.

欢迎再来。 환잉 짜이라이
Huān yíng zài lái

再다시, **来**오다, 환영**欢迎**,
우리가 아는 단어로 발음만 익
히면 쉽게 활용할 수 있다.

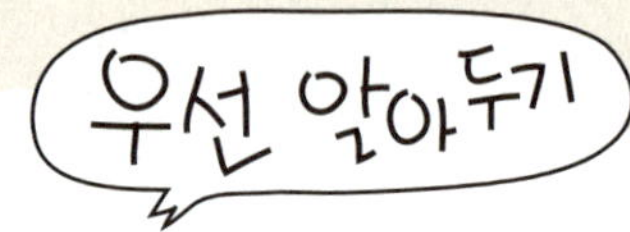

씨엔짜이 마이완러

现在卖完了。 현재, 품절입니다.

파오 마이 완러
→ **票卖完了。** 표매진입니다.
Piào mài wán le

커이 환 삐에더 마

可以换别的吗? 교환할 수 있습니까?

커이 환 엠 하오마
→ **可以换 M 号吗?** M사이즈로 교환됩니까?
Kě yǐ huàn M hào ma

스더, 커이
是的，可以。 네, 가능합니다.
Shì de, kě yǐ

이우찌 밍티엔 따오훠

预计明天到货。 내일 입하할 예정입니다.

손님이 찾는 물건이 품절일 때, 언제 들어올 지 계획을 알려주는 표현이다.

죄송합니다만, 없습니다.

对不起，没有。 뚜이부치, 메이요우

Duì bù qǐ, méi yǒu

2, 3일 안에 들어올 예정입니다.

预计两三天之内到货。 이우찌 량산티엔쯔네이 따오휘

Yù jì liǎng sān tiān zhī nèi dào huò

바꿔말하기

马上 곧	**星期一** 월요일에
mǎ shàng	xīng qī yī

四天之内 4일까지
sì tiān zhī nèi

물건이 들어오는 대로, 알려드릴까요?

货到后，告诉您吗？ 후오따오호우, 까오수 닌마

Huò dào hoù, gào sù nín ma

비슷한 **상품**이 있습니다.

有类似的商品。 요우 레이스더 샹핀

Yǒu lèi sì de shāng pǐn

바꿔말하기

手机 핸드폰	**袜子** 양말
shǒu jī	wà zi

특가품의 교환은 불가능합니다.

特价品不能换货。 테쨔핀 부넝 환휘

Tè jià pǐn bù néng huàn huò

상황에 따른 회화

중국인의 구매심리와 기호

중국인을 상대로 장사를 하려면 그들의 구매심리와 기호 등을 알아야 하는
것은 당연지사!
아무리 한류라고 하더라도 한국의 유행이 중국
으로 넘어가지 않은 경우가 많다.

중국인들은 노출에 상당히 자
유롭고 날씨에 따라 입는 옷에
큰 차이가 있다.
겨울에는 춥기 때문에 치마를 입
는 경우가 거의 없고 상당히 두꺼
운 옷을 입으며, 내복은 필수이다.
여름에는 윗쪽이 완전히 파인 옷도
잘 입는다.

사람들의 시선을 많이 의식하지 않고 자
기가 좋아하는 옷을 입는 경향이 강하다. 보통 먼지나 황사등으로 옷이 쉽
게 더러워지기 때문에 짙은 색을 많이 입고 흰색 옷은 즐겨입지 않는다.
여자들은 수수한 옷도 좋아하나, 개성이 강한 옷도 마다하지 않는다. 자신
이 좋다면 원색이나 분홍색 등 눈에 띄는 옷을 입는 것을 겁내지 않는다.

중국은 우리나라 면적의 100배정도가 되고, 인구도 13억으로 아주 많고 56개 민족이 공존하는 나라다. 그렇기 때문에 사람들의 옷입는 취향도 상당히 다양하다. 한국사람이 보기에 전혀 아닌 것 같은 디자인도 중국사람들이 좋아하는 경우가 많다. 준비한 의류의 판매현황을 보면서 천천히 재고를 조절해가는 것이 좋다.

브랜드 상품들

중국의 젊은 여성들도 고급 브랜드상품을 좋아하는 경향이 있다.

GUCCI 古奇, PRADA 普拉达, FENDI 芬迪, GUESS 盖尔斯 등 많은 세계
명품들이 중국에 들어가 있기 때문에 중국사람들도 명품에 대해 어느정도 익숙하다.
그러나 명품을 팔거나 명품과 비슷한 제품을 진열하고 파는 것은 별로 소득이 없다. 비싼 명품을 살 사람들이 많지 않고, 중국은 저작권 보호가 한국보다 덜하기 때문에 진짜와 똑같은 짝퉁이 중국의 일반시장에 많기 때문이다. 유명 메이커와 상관없이 개성있는 디자인의 상품들을 준비해 판매하는 것이 더욱 효과가 있다.

1. **请给我看一下上衣。** 칭 게이워 칸이샤 샹이
Qǐng gěi wǒ kàn yí xià shàng yī
상의를 보여 주십시오.

2. **请给我看一下衬衫。** 칭 게이워 칸이샤 천샨
Qǐng gěi wǒ kàn yí xià chèn shān
샤츠를 보여 주십시오.

3. **我在找裙子。** 워짜이 짜오 췬쯔
Wǒ zài zhǎo qún zi
치마를 찾고 있습니다.

4. **没有别的颜色吗？** 메이요우 삐에더 옌써마
Méi yǒu bié de yàn sè ma
다른 색은 없습니까?

5. **有点大。** 요우 띠엔 따
Yǒu diǎn dà
조금 큽니다.

6. **有点小。** 요우 띠엔 샤오
Yǒu diǎn xiǎo
조금 작습니다.

7. **没有更便宜的吗？** 메이요우 껑 피엔이 더 마
Méi you gèng pián yì de ma
더 싼 것은 없습니까?

무엇을 찾으십니까?

您找什么？ 닌짜오 션머
Nín zhǎo shén me

이 **스커트**는 어떻습니까?

这裙子怎么样？ 쩌 췬쯔 쩐머양
Zhè qún zi zěn me yàng

바꿔말하기

夹克 자켓 | 短裤 반바지 | T恤 티셔츠
jiá kè | duǎn kù | T xù

이것은 **최신상품**입니다.

这是最新商品。 쩌 스 쭈이 씬샹핀
Zhè shì zuì xīn shāng pǐn

바꿔말하기

流行商品 유행상품
liú xíng shāng pǐn

여러가지 색상이 있습니다.

有多种颜色。 요우 뚜오종 옌써
Yǒu duō zhǒng yán sè

예산은 어느 정도입니까?

预算大约是多少？ 이우쑤안 따위에 스 뚜오샤오
Yù suàn dà yuē shì duō shǎo

어떤 **무늬**를 찾으십니까?

找什么花纹？ 짜오 션머 화웬
Zhǎo shén me huā wén

바꿔말하기

设计 디자인 | 尺码 사이즈 | 衣料 옷감
shè jì | chǐ mǎ | yī liào

紧身设计。 찐션 셔찌
Jǐn shēn shè jì

유행하고 있는 디자인입니다.

正在流行的设计。 쩡짜이 류씽더 셔찌
Zhèng zài liú xíng de shè jì

세련된 디자인입니다.

明快的设计。 밍 콰이더 셔찌
Míng kuài de shè jì

훨씬 **날씬해**보입니다.

看起来更苗条。 칸 치라이 껑 먀오탸오
Kàn qǐ lái gèng miáo tiáo

바꿔말하기

华丽 화려하게 **朴素** 수수하게
huá lì   pǔ sù

女人味 여성스럽게
nǚ rén wèi

아주 예쁘십니다.

很漂亮。 헌 퍄오량
Hěn piào liang

조금 **길군요.**

有点长。 요우 띠엔 창
Yǒu diǎn cháng

바꿔말하기

短 짧다 **紧身** 꽉끼다
duǎn   jǐn shēn

松 헐렁하다
sōng

48

젊은 여성에게 인기가 있습니다.

受年轻女人欢迎。　쇼우 니엔칭누런 환잉
Shòu nián qīng nǚ rén huān yíng

바꿔말하기

儿童 아이　学生 학생
ér tóng　　xué shēng

男人 남성
nán rén

이것이 가장 인기있는 물건입니다.

这是最有人气的商品。　쩌 스 쭈이 요우 런치더 샹핀
Zhè shì zuì yǒu rén qì de shāng pǐn

분홍색은 이번 여름의 유행색입니다.

粉红色是这个夏天的流行颜色。
펀홍써 스 쩌거 샤티엔더 류싱 옌써
Fěn hóng sè shì zhè gè xià tiān de liú xíng yán sè

매우 실용적입니다.

很实用。　헌 스용
Hěn shí yòng

조금 비싸지만 튼튼합니다.

有点贵，但很结实。　요우 디엔 꿔, 딴 헌 찌에스
Yǒu diǎn guì, dàn hěn jiē shi

속옷을 보고 싶습니다.

我想看一下内衣。 워샹 칸이샤 네이이
Wǒ xiǎng kàn yī xià nèi yī

마음껏 보십시오.

请随便看。 칭 수이비엔 칸
Qǐng suí biàn kàn

바꿔말하기
慢慢 천천히
màn màn

땀을 잘 흡수합니다.

很吸汗。 헌 씨한
Hěn xī hàn

감촉이 부드러운 속옷입니다.

这内衣的手感软绵绵的。 쩌 네이이더 쇼우간 루안미엔미엔더
Zhè nèi yī de shǒu gǎn ruǎn mián mián de

순면제품입니다.

纯棉商品。 춘미엔 샹핀
Chún mián shāng pǐn

바꿔말하기
丝绸 실크 | **麻** 마 | **棉布** 코튼(면)
sī chóu | má | mián bù

유명 메이커입니다.

名牌商品。 밍파이 샹핀
Míng pái shāng pǐn

가죽코트를 보여 주십시오.

请给我看一下皮外套。 칭게이 워 칸이샤 피와이타오
Qǐng gěi wǒ kàn yī xià pí wài tào

소가죽으로 만들었습니다.

用牛皮做的。 용 뉴피 쭈오더
Yòng niú pí zuò de

바꿔말하기

羊皮 양가죽 | **马皮** 말가죽
yáng pí | mǎ pí

모피코트도 있습니다.

也有毛皮大衣。 예요우 마오피 따 이
Yě yǒu máo pí dà yī

여러가지 가죽제품이 있습니다.

有各种皮革商品。 요우 꺼 쫑 피거 샹핀
Yǒu gè zhǒng pí gé shāng pǐn

이 **가죽벨트**와 세트입니다.

跟这个皮腰带是一套的。 껀 쩌거 피야오따이 스 이타오더
Gēn zhè gè pí yāo dài shì yī tào de

바꿔말하기

皮包 가죽가방 | **皮鞋** 가죽구두
pí bāo | pí xié

환잉광린
欢迎光临。
Huān yíng guāng lín

어서오십시오.

칭게이 워 칸이샤 나거 샹이
请给我看一下那个上衣。
Qǐng gěi wǒ kàn yí xià nà gè shàng yī

저 상의를 보여 주십시오.

하오더, 게이닌
好的，给您。
Hǎo de, gěi nín

네, 여기 있습니다.

커이 스추안 이샤마
可以试穿一下吗？
Kě yǐ shì chuān yí xià ma

한 번, 입어봐도 괜찮습니까?

하오더, 메이웬티. 닌 추안 뚜오따더
好的，没问题。您穿多大的？
Hǎo de, méi wèn tí. nín chuān duō dà de

네, 괜찮습니다. 손님 사이즈는?

이빠이링우
一百零五。
Yī bǎi líng wǔ

105입니다.

나머, 칭 스 이샤 쩌거, 쩐머양
那么，请试一下这个，怎么样？
Nà me, qǐng shì yí xià zhè gè, zěn me yàng

그럼, 이것을 입어 보십시오. 어떻습니까?

부추오
不错。
Bú cuò

좋군요.

예요우 삐에더 옌써
也有别的颜色。
Yě yǒu bié de yán sè

다른 색깔도 있습니다.

스마? 나머 션머 옌서 하오너
是吗？那么什么颜色好呢？
Shì ma? nà me shén me yán sè hǎo ne

그렇습니까? 그럼, 어떤 색이 좋을까요?

란써 스 쩌거 샤티엔더 류씽써
蓝色是这个夏天的流行色。
Lán sè shì zhè gè xià tiān de liú xíng sè

푸른색이 이번 여름의 유행색입니다만.

나머 게이 워 쩌거 란써더바
那么给我这个蓝色的吧。
Nà me gěi wǒ zhè gè lán sè de ba

그럼, 이것 푸른색으로 하겠습니다.

칭찐
请进。
Qǐng jìn

어서오십시오.

워 샹 칸이샤 나거 숑짜오 허 네이쿠
我想看一下那个胸罩和内裤。
Wǒ xiǎng kàn yī xià nà gè xiōng zhào hé nèi kù

저, 브래지어와 팬티를 보고 싶은데요.

하오더, 칭 덩이샤. 쩌거 쩐머양
好的，请等一下。这个怎么样？
Hǎo de, qǐng děng yī xià zhè gè zěn me yang

네, 잠시만 기다리십시오. 이것은 어떻습니까?

팅하오더, 요우 삐에더마
挺好的，有别的吗？
Tǐng hǎo de, yǒu bié de ma

좋군요, 다른 것은 없습니까?

쩌거 스 신찬핀, 쩐머양
这个是新产品，怎么样？
Zhè gè shì xīn chǎn pǐn, zěn me yang

이것은 신제품입니다. 어떻습니까?

부추오, 부꾸오 요우띠엔황
不错，不过有点黄。
Bú cuò, bú guò yǒu diǎn huáng

괜찮군요, 그런데 너무 야한 것 같습니다.

인웨이 스 빠이써, 수오이 부간쭈에 헌황
因为是白色，所以不感觉很黄。
Yīn wèi shì bái sè, suǒ yǐ bù gǎn jué hěn huáng

흰색이라서, 그렇게 야하지는 않습니다.

스마? 게이 워 나거빠
是吗？给我那个吧。
Shì ma? gěi wǒ nà gè ba

그렇습니까? 그걸로 하겠습니다.

하이 쑤야오 삐에더마
还需要别的吗？
Hái xū yào bié de ma

다른 필요한 것은 없습니까?

요우 쿠와마
有裤袜吗？
Yǒu kù wà ma

스타킹 있습니까?

땅란
当然。
Dāng rán

물론이죠.

게이 워 량찌엔 쿠와
给我两件裤袜。
Gěi wǒ liǎng jiàn kù wà

팬티스타킹을 2개 주십시오.

칭찐, 칭 만만칸
请进。请慢慢看。　　　　　어서 오십시오. 천천히 구경하십시오.
Qǐng jìn. qǐng màn màn kàn

워 샹 마이 피와이타오
我想买皮外套。　　　　　　가죽 코트를 사고 싶은데요.
Wǒ xiǎng mǎi pí wài tào

쩌삐엔 요우 꺼쫑 피와이타오
这边有各种皮外套。
Zhè biān yǒu gè zhǒng pí wài tào
　　　　　　　　　　가죽 코트라면 이 쪽에 여러가지 있습니다.

커이 게이 워 칸이샤 꽈짜이 나 삐엔더마
可以给我看一下挂在那边的吗？
Kě yǐ gěi wǒ kàn yī xià guà zài nà biān de ma
　　　　　　　　저쪽에 걸려 있는 것을 보여 주시겠습니까?

하오, 게이닌
好，给您。　　　　　　　　네, 여기 있습니다.
Hǎo, gěi nín

쩌와이타오더 차이랴오 스 션머
这外套的材料是什么？　　　이 코트의 소재는 무엇입니까?
Zhè wài tào de cái liào shì shén me

스 뉴피 쭈오더, 요우칭 요우찌에스

是牛皮做的，又轻又结实。
Shì niú pí zuò de, yòu qīng yòu jiē shi

소가죽으로 만들었습니다. 가볍고 튼튼합니다.

부추오, 뚜오샤오치엔

不错，多少钱?
Bú cuò, duō shǎo qián

괜찮군요. 얼마입니까?

산스완 한웬

30万韩元。
Sān shí wàn hán yuán

30만원입니다.

요우 띠엔꾸이, 부넝 피엔이 띠엔얼마

有点贵，不能便宜点儿吗?
Yǒu diǎn guì, Bù néng pián yì diǎn er ma

조금 비싸군요. 좀 싸게 안됩니까?

씨엔찐더화 얼스빠완(한) 웬

现金的话28万 (韩) 元。
Xiàn jīn de huà èr shí bā wàn (hán) yuán

현금으로 사면, 28만원입니다.

게이니 씨엔찐

给你现金。
Gěi nǐ xiàn jīn

현금을 드리겠습니다.

쑤야오 션머 빵쭈마
需要什么帮助吗？
Xū yào shén me bāng zhù ma
무엇을 도와드릴까요?

샹게이 펑요우 마이링따이
想给朋友买领带。
Xiǎng gěi péng you mǎi lǐng dài
친구의 넥타이를 사려고 합니다.

쩌거 링따이 루허
这个领带如何？
Zhè gè lǐng dài rú hé
이 넥타이는 어떻습니까?

옌써 커이, 화웬 부하오
颜色可以，花纹不好。
Yán sè kě yǐ, huā wén bù hǎo
색깔은 멋있지만 무늬가 별로입니다.

쩌거 루허? 씨엔짜이 류씽더 콴스
这个如何？现在流行的款式。
Zhè gè rú hé? xiàn zài liú xíng de kuǎn shì
이것은 어떻습니까? 지금 유행인 모양입니다.

수푸팅하오, 뚜오샤오치엔
素朴挺好，多少钱？
Sù pǔ tǐng hǎo, duō shǎo qián
수수해서 좋군요. 얼마입니까?

산완 한웬
三万韩元。
Sān wàn hán yuán

삼만원입니다.

나머 게이워 산거
那么给我三个。
Nà me gěi wǒ sān gè

그럼, 3개 주십시오.

쯔 따오러, 이꿍 찌우완 한웬
知道了，一共九万韩元。
Zhī dào le. yī gòng jiǔ wàn hán yuán

알겠습니다. 전부 9만원입니다.

리핀용더, 칭 펀카이 빠오쭈앙
礼品用的，请分开包装。
Lǐ pǐn yòng de, qǐng fēn kāi bāo zhuāng

선물용이니까, 따로따로 포장해 주십시오.

하오더, 쯔따오러
好的，知道了。
Hǎo de, zhī dào le.

네, 알겠습니다.

칭 샤오덩
请销等。
Qǐng xiāo děng

잠시만 기다려 주십시오.

실용주의적 구두 선택

중국의 구두 소비 패턴은 다른 나라보다 실용주의적인 특성을 보인다. 세계적인 컨설팅회사인 맥킨지도 그렇게 분석한다. 브랜드를 선택할 때 단순히 유명하거나 비싼 것만 찾지 않으며, 자신과의 브랜드 이미지를 고려한다.

혁신적이거나 건강에 도움이 되면 관심을 보인다. '내게 맞는 것'을 찾는 젊은 소비자들이 늘고 있다. 중국인들은 싸고 좋은 물건을 찾기 위해 발품을 파는 수고를 아끼지 않는다.

세계 신발시장에서 중국상품이 저렴한 노동력으로 인해 큰 시장을 형성하고 있기 때문에, 한국을 방문한 중국인은 한국에서만 구입할 수 있는 다소 비싸더라도 개성과 트렌드가 있는 상품에 관심을 가진다.

남녀모두 어두운색 선호

여성들은 검은색이나 갈색 같은 어두운 계열의 색을 선호하고 남성들은 검은색을 선호한다.
한국을 방문하는 중국인들은 어느 정도 구매력이 있는 계층으로 트렌드 선도자 Trend Follower 라고 할 수 있다. 색상, 커팅, 스타일, 세부 장식 및 브랜드는 이들이 제품을 구매하는 데 있어 결정적인 요소이다. 젊은 층은 색상이 화려하고 개성이 강한 신발을 선호하며 캐주얼화 또한 인기를 끌고 있다.

중국 신발시장은 계절에 의해 크게 영향을 받는다. 입는 옷이 계절에 따라 크게 달라지는 것과 같다. 여름에는 시원하게, 겨울에는 따뜻함을 강조하는 중의의 문화가 있기 때문이다. 사계절 구분이 뚜렷한 편이고 여름에는 샌달 종류의 신발이 인기가 많다. 겨울에는 따뜻하게 신을 수 있는 롱부츠와 함께 다양한 길이의 부츠가 인기를 끌고 있다.

중국과 한국의 신발사이즈 비교

한국	225	230	235	240	245	250	255	260
중국	34	35	36	37	38	39	40	41

단위 : 한국 ㎜

중국 号hào

1. **我想看皮鞋。** 워 샹칸 피시에
Wǒ xiǎng kàn pí xié
가죽 구두를 보고싶습니다.

2. **可以试穿一下吗?** 커이 스 추안 이샤마
Kě yǐ shì chuān yí xià ma
신어봐도 괜찮습니까?

3. **脚尖很紧。** 짜오찌엔 헌 찐
Jiǎo jiān hěn jǐn
발끝이 꽉 낍니다.

4. **跟太高。** 껀 타이까오
Gēn tài gāo
굽이 너무 높습니다.

5. **颜色不喜欢。** 옌써 부 씨환
Yán sè bù xǐ huan
색깔이 마음에 안듭니다.

6. **有平底鞋吗?** 요우 핑띠씨에마
Yǒu píng dǐ xié ma
걷기 편한 구두는 있습니까?

7. **给我看一下跟裙子搭配的鞋子。**
게이 워 칸이샤 껀 췬쯔 따페이더 씨에쯔
Gěi wǒ kàn yí xià gēn qún zi dā pèi de xié zi
스커트에 어울릴만한 구두를 보여주십시오.

신어보시지 않겠습니까?

不试穿一下吗？ 부 스 추안 이샤마
Bú shì chuān yī xià ma

앉아서 신어 보십시오.

请坐着试穿一下。 칭 쭈오쩌 스 추안 이샤
Qǐng zuò zhe shì chuān yí xià

구두주걱을 사용하시겠습니까?

用鞋拔子吗？ 용 씨에빠쯔 마
Yòng xié bá zi ma

불편한 곳은 없습니까?

没有不舒服的地方吗？ 메이요우 부슈푸더 띠팡마
Méi yǒu bù shū fú de dì fāng ma

약간 **끼는** 듯 하군요.

有点紧。 요우 띠엔 찐
Yǒu diǎn jǐn

바꿔말하기

大 큰	小 작은
dà	xiǎo

어떤 신발을 원하십니까?

要什么样的鞋子? 야오 션머양더 씨에쯔
Yào shén me yàng de xié zi

여러옷에 잘 맞는 신발입니다.

和多种衣服都很搭配的鞋子。
허 뚜오쫑 이푸 또우 헌 따페이더 씨에쯔
Hé duō zhǒng yī fú dōu hěn dā pèi de xié zǐ

이것이 인기가 높은 신발입니다.

这鞋子很有人气。 쩌 씨에쯔 헌 요우 런치
Zhè xié zǐ hěn yǒu rén qì

사이즈는 얼마입니까?

多大尺码? 뚜따오 츠마
Duō dà chǐ mǎ

37호 입니다.

三十七号。 산스치 하오
Sān shí qī hào

수선도 가능합니다.

可以修理。 커이 슈리
Kě yǐ xiū lǐ

◖바꿔말하기◗

交换 교환 | **海外配送** 해외우송
jiāo huàn | hǎi wài pèi sòng

이 구두는 어떻습니까?

这皮鞋怎么样? 쩌 피씨에 쩐머양
Zhè pí xié zěn me yàng

바꿔말하기

运动鞋 운동화 ┊ **凉鞋** 샌들
yùn dòng xié ┊ liáng xié

皮靴 부츠
pí xuē

굽이 높은 구두는 이쪽입니다.

高跟鞋在这边。 카오 껀씨에 짜이 쩌삐엔
Gāo gēn xié zài zhè biān

바꿔말하기

低 낮은 ┊ **没** 없는
dī ┊ méi

가죽이 아주 부드럽습니다.

皮很柔和。 피 헌 로우허
Pí hěn róu hé

구두바닥에 쿠션이 있어서 걷기 편합니다.

皮鞋有垫子好走路。 피 씨에 요우 띠엔쯔 하오 쪼우루
Pí xié yǒu diàn zǐ hǎo zǒu lù

구두에 지퍼가 있어 신기 쉽습니다.

皮鞋有拉链容易穿。 피 씨에 요우 라리엔 롱이 추안
Pí xié yǒu lā liàn róng yì chuān

이럴땐 이렇게

캐쥬얼에 잘 어울립니다.

很适合休闲服。 헌 스허 씨우씨엔푸
Hěn shì hé xiū xián fú

유럽스타일의 운동화입니다.

欧洲样式的运动鞋。 오우쪼우 양스더 윈똥씨에
Ōu zhōu yàng shì de yùn dòng xié

美国 미국 **意大利** 이태리
měi guó　yì dà lì

날씬한 몸매입니다.

苗条的身材。 먀오탸오 더 션차이
Miáo tiáo de shēn cái

세련된 디자인입니다.

明快的设计。 밍콰이더 셔찌
Míng kuài de shè jì

가벼운 테니스운동화입니다.

很轻的网球运动鞋。 헌 칭더 왕치우 윈똥씨에
Hěn qīng de wǎng qiú yùn dòng xié

가죽소재의 운동화가 인기 있습니다.

皮革材料的运动鞋很有人气。
피거 차이랴오 더 윈똥씨에 헌 요우 런치
Pí gé cái liào de yùn dòng xié hěn yǒu rén qì

帆布 캔버스 **绒面** 스웨이드
fān bù　róng miàn

판매에 꼭 필요한 숫자 읽는 법

- 발음만 다를 뿐 쓰임은 같다. 숫자 뒤에 화폐단위인 위안元, 원₩, 메이진$ 등을 붙이기만 하면 금액을 나타내게 된다.
- 四는 죽다 死, 三은 헤어지다 散, 七은 화내다 气와 발음이 비슷하기 때문에 가격에는 어울리지 않는다.
- 九는 가장 큰 숫자이고, 八은 이어지는 영원을 상징하기 때문에 가격의 끝자리에 많이 쓰인다.

1	一	이	yī	100	一百	이 빠이	yì bǎi
2	二	얼	èr	200	二百	얼 빠이	èr bǎi
3	三	산	sān	300	三百	산 빠이	sān bǎi
4	四	쓰	sì	400	四百	쓰 빠이	sì bǎi
5	五	우	wǔ	500	五百	우 빠이	wǔ bǎi
6	六	류	liù	600	六百	류 빠이	liù bǎi
7	七	치	qī	700	七百	치 빠이	qī bǎi
8	八	파	bā	800	八百	파 빠이	bā bǎi
9	九	찌우	jiǔ	900	九百	찌우 빠이	jiǔ bǎi
10	十	스	shí	1,000	一千	이 치엔	yì qiān
11	十一	스 이	shí yī	2,000	两千	량 치엔	liǎng qiān
12	十二	스 얼	shí èr	3,000	三千	산 치엔	sān qiān
13	十三	스 산	shí sān	4,000	四千	쓰 치엔	sì qiān
14	十四	스 쓰	shí sì	5,000	五千	우 치엔	wǔ qiān
15	十五	스 우	shí wǔ	6,000	六千	류 치엔	liù qiān
16	十六	스 류	shí liù	7,000	七千	치 치엔	qī qiān
17	十七	스 치	shí qī	8,000	八千	빠 치엔	bā qiān
18	十八	스 빠	shí bā	9,000	九千	찌우 치엔	jiǔ qiān
19	十九	스 찌우	shí jiǔ	10,000	一万	이 완	yí wàn
20	二十	얼 스	èr shí	20,000	两万	량 완	liǎng wàn
30	三十	산 스	sān shí	30,000	三万	산 완	sān wàn
십만	十万	스 완	shí wàn	백만	百万	빠이 완	bǎi wàn

쩌 삐엔칭
这边请。
Zhè biān qǐng

이쪽으로 오세요.

워 샹마이 헤이써 피씨에
我想买黑色皮鞋。
Wǒ xiǎng mǎi hēi sè pí xié

검은 구두를 사고싶습니다.

쩌거 쩐머양
这个怎么样？
Zhè gè zěn me yàng

이것이 어떻습니까?

부추오, 커이 스 이샤마
不错，可以试一下吗？
Bú cuò, kě yí shì yī xià ma

마음에 드는군요. 신어봐도 좋습니까?

스, 칭 쭈오 쩌스추안
是，请坐着试穿。
Shì, qǐng zuò zhe shì chuān

네, 앉아서, 신어 보십시오.

워더 츠 마 스 스스하오
我的尺码是40号。
Wǒ de chǐ mǎ shì sì shí hào

제 사이즈는 40입니다.

커이마
可以吗？
Kě yǐ ma

괜찮습니까?

양스커이, 딴씨에껀 요우 디엔까오
样式可以，但鞋跟有点高。
Yàng shì kě yǐ, dàn xié gēn yǒu diǎn gāo

디자인은 마음에 드는데, 굽이 좀 높은 듯 합니다.

쩌거 하오마? 씨에껀띠엔더
这个好吗？鞋跟低点的。
Zhè gè hǎo ma? xié gēn dī diǎn de

이것은 괜찮습니까? 조금 낮은 것입니다.

칸라이 부추오
看来不错。
Kàn lái bú cuò

그게 좋아 보이는군요.

스이샤, 하오마
试一下，好吗？
Shì yí xià, hǎo ma

신어 보십시오. 좋습니까?

팅슈푸더, 워 야오 쩌거
挺舒服的，我要这个。
Tǐng shū fú de, wǒ yào zhè ge

편안하군요. 이것을 주십시오.

요우 윈똥씨에 마
有运动鞋吗？
Yǒu yùn dòng xié ma

운동화 있습니까?

요우 꺼쫑꺼양더
有各种各样的。
Yǒu gè zhǒng gè yàng de

네, 여러가지 있습니다.

워 추안 따 띠엔더
我穿大点的。
Wǒ chuān dà diǎn de

조금 크게 신는 편입니다.

쩌 샹핀 콴씨 추더 요우 씨에따, 스이샤 쩌 슈앙
这商品款式出的有些大，试一下这双。
Zhè shāng pǐn kuǎn shì chū de yǒu xiē dà, shì yí xià zhè shuāng

이 제품은 조금 크게 나오니까, 이것을 신어 보십시오.

헌 허쓰, 뚜오샤오치엔
很合适，多少钱？
Hěn hé shì, duō shǎo qián

딱 맞는군요, 얼마입니까?

치완 한웬
七万韩元。
Qī wàn hán yuán

7만원입니다.

쩌스 신용카
这是信用卡。
Zhè shì xìn yòng kǎ

신용카드입니다.

닌 추안 쩌 쪼우마
您穿着走吗?
Nín chuān zhe zǒu ma

이대로 신고 가시겠습니까?

스더, 찌우씨에 쭈앙이샤
是的，旧鞋装一下。
Shì de, jiù xié zhuāng yī xià

네, 헌신은 싸 주십시오.

쯔따오러
知道了。
Zhī dào le

알겠습니다.

<table>
<tr><td>닌 하오
您好！
Nín hǎo</td><td>안녕하세요.</td></tr>
<tr><td>워 샹마이 창쑤에
我想买长靴。
Wǒ xiǎng mǎi cháng xuē</td><td>부츠를 사고 싶습니다.</td></tr>
<tr><td>쩌거 스 찐니엔 류씽더 셔찌
这个是今年流行的设计。
Zhè gè shì jīn nián liú xíng de shè jì</td><td>이것이 올해의 유행 디자인입니다.</td></tr>
<tr><td>부추오, 션머 차이랴오
不错，什么材料？
Bú cuò, shén me cái liào</td><td>멋지군요. 무슨 소재입니까?</td></tr>
<tr><td>용 롱미엔 쭈오더
用绒面做的。
Yòng róng miàn zuò de</td><td>스웨이드로 만들었습니다.</td></tr>
<tr><td>뚜오샤오치엔
多少钱？
Duō shǎo qián</td><td>얼마입니까?</td></tr>
</table>

쩌거 스 테쨔 샹핀, 얼스완 한웬
这个是特价商品，20万韩元。
Zhè gè shì tè jià shāng pǐn, èr shí wàn hán yuán

이것은 특가품으로, 20만원입니다.

부 넝짜이 피엔이 띠엔마
不能再便宜点吗?
Bù néng zài pián yi diǎn ma

좀 더 싸게 안됩니까?

부씽, 이찡따꾸오쩌러
不行，已经打过折了。 곤란합니다. 이미 할인된 가격입니다.
Bù xíng, yǐ jīng dǎ guò zhé le

쯔따오러, 쩌 스 얼스완 한웬
知道了。这是二十万韩元。
Zhī dào le. zhè shì èr shí wàn hán yuán

알겠습니다. 여기 20만원입니다.

씨에씨에, 환잉 짜이라이
谢谢，欢迎再来! 감사합니다. 또, 들러 주십시오.
Xiè xiè, huān yíng zài lái

씨에씨에
谢谢。 감사합니다.
Xiè xiè

유명 시장과 야시장

매년 한국을 방문하는 중국인이 늘어나면서 이제는 우리 나라의 명동, 이태원, 동대문, 남대문시장 등이 많이 알려졌다.

야시장은 또하나의 매력이다. 동대문이나 남대문은 매일 야시장이 열린다. 상인들이 보통 2교대로 출퇴근하면서 저녁과 새벽시간에도 불을 밝힌다. 패션의류 전문인 두타, 밀레오레 등은 밤에 지방 도매상인을 맞고 야간 소매장사를 하고 있는데 이런 모습들이 중국인들에게 상당히 인상적이다.

중국은 야시장이나 새벽시장이 거의 발달되어 있지 않다. 잠자는 시간도 한국인보다 평균 1~2시간 정도 빠르다. 그래서 중국사람들이 밤 1, 2시에 장사를 하는 시장을 둘러보면 상당히 색다른 경험으로 느낀다. 중국어를 열심히 해서 야간손님을 많이 유치하는 것도 좋은 방법이다.

중국 사람들이 좋아하는 상품

중국인과 일본인이 한국에 방문하는 외국인의 대부분을 차지한다. 중국인
과 일본인이 좋아하는 상품에는 약간의 차이가 있다.

일본인들은 대체로 김치, 갈비, 버섯, 구운 김, 삼계탕, 라면 등을 좋아하는
반면, 중국인들은 예로부터 고려인삼이라고 해서 인삼과 홍삼을 특히 좋아
한다. 밥보다는 요리 위주의 식단이기 때문에 구운 김에 대한 선호도는 상
대적으로 떨어진다.

최근 들어서는 한국 화장품에 대한 인기가 높아지고 있다. 한국의 중저가
화장품이 명동이나 동대문 등의 비싼 장소에 매장을 열면서도 중국인의 큰
손 구매로 호황을 누리고 있다.

김치는 맵기 때문에 인기가 다소 떨어지고, 일반적인 옷이나 넥타이, 벨트,
목걸이 등은 디자인이 좀 더 좋은 것이 많기 때문에 잘 팔린다.

1. **有手表吗?** 요우 쇼우빠오 마
Yǒu shǒu biǎo ma
손목시계 있습니까?

2. **这个有男款的吗?** 쩌거 요우 난콴더마
Zhè gè yǒu nán kuǎn de ma
이것 남성용도 있습니까?

3. **没有更简洁的吗?** 메이요우 껑 찌엔찌에더마
Méi yǒu gèng jiǎn jié de ma
더 심플한 것은 없습니까?

4. **请给我看一下情侣表。** 칭 게이 워 칸이샤 칭류빠오
Qǐng gěi wǒ kàn yí xià qíng lǚ biǎo
커플용을 보여 주십시오.

5. **可以换手表链吗?** 커이 환 쇼우빠오리엔 마
Kě yǐ huàn shǒu biǎo liàn ma
손목시계줄 바꿀 수 있습니까?

6. **有古奇款式的复制品吗?** 요우 구찌 콴씨더 푸쯔핀마
Yǒu gǔqí kuǎn shì de fù zhì pǐn ma
구찌 스타일의 모조품이 있습니까?

7. **可以防水吗?** 커이 팡수이마
Kě yǐ fǎng shuǐ ma
방수도 됩니까?

8. **请放到盒子里。** 칭 팡따오 허쯔리
Qǐng fàng dào hé zi lǐ
상자에 넣어 주세요.

1. **我想买单肩皮包。**　워 샹마이 딴찌엔피빠오
Wǒ xiǎng mǎi dān jiān pí bāo
숄더백을 사고 싶습니다.

2. **我想要尼龙包。**　워 샹야오 니롱빠오
Wǒ xiǎng yào ní lóng bāo
나일론가방을 갖고 싶습니다.

3. **这个很可爱。**　쩌거 헌 커아이
Zhè gè hěn kě ài
이것은 귀엽군요.

4. **请给我看一下有拉链的。**　칭 게이워 칸이샤 요우 라리엔더
Qǐng gěi wǒ kàn yī xià yǒu lā liàn de
지퍼가 달린 것을 보여 주십시오.

5. **我找里面有兜的包。**　워짜오 리미엔 요우 또우더 빠오
Wǒ zhǎo lǐ miàn yǒu dōu de bāo
안쪽에 주머니가 있는 것을 찾습니다만.

6. **这个包有别的颜色吗？**　쩌거 빠오 요우 삐에더 옌써마
Zhè gè bāo yǒu bié de yán sè ma
이 가방의 다른 색은 있습니까?

7. **结实比设计更重要。**　찌에스 삐 셔찌 껑 쫑야오
Jiē shi bǐ shè jì gèng zhòng yào
디자인보다 튼튼한 것이 좋습니다.

1. **我想买纪念品。** 워 샹마이 찌니엔핀
Wǒ xiǎng mǎi jì niàn pǐn
기념품을 사고 싶습니다.

2. **什么纪念品好呢?** 션머 찌니엔핀 하오너
Shén me jì niàn pǐn hǎo ne
기념품으로 무엇이 좋을까요?

3. **我想要韩国传统的东西。**
워 샹야오 한꿔 추안퉁더 똥시
Wǒ xiǎng yào hán guó chuán tǒng de dōng xī
한국의 전통적인 것을 갖고 싶은데요.

4. **什么东西卖得好?** 션머 똥시 마이더 하오
Shén me dōng xī mài de hǎo
인기상품은 무엇입니까?

5. **韩国有名的特产有什么?** 한꿔 요우밍더 테찬 요우 션머
Hán guó yǒu míng de tè chǎn yǒu shén me
한국의 유명한 특산물은 무엇이 있습니까?

6. **这泡菜不辣吗?** 쩌 파오차이 부라마
Zhè pào cài bú là ma
이 김치는 맵지 않습니까?

7. **人参怎么吃?** 런션 쩐머 츠
Rén shēn zěn me chī
인삼은 어떻게 먹습니까?

손목시계는 이쪽에 있습니다.

手表在这边。　쇼우빠오 짜이 쩌삐엔
Shǒu biǎo zài zhè biān

바꿔말하기

座钟 탁상시계　**挂钟** 벽시계
zuò zhōng　guà zhōng

이 시계가 지금 유럽에서 인기를 모으고 있습니다.

这表在欧洲很流行。　쩌빠오 짜이 오우쪼우 헌 류씽
Zhè biǎo zài ōu zhōu hěn liú xíng

S, M, L의 세 사이즈가 있습니다.

有S, M, L号。　요우 에스, 엠, 엘 하오
Yǒu S, M, L hào

중간 사이즈입니다.

是中号。　스 쫑 하오
Shì zhōng hào

바꿔말하기

大 큰　**小** 작은
dà　xiǎo

화려해서 사랑 받고 있습니다.

因为华丽而受欢迎。　인웨이 화리 얼 쇼우 환잉
Yīn wèi huá lì ér shòu huān yíng

물론, 방수기능도 됩니다.

当然有防水功能。 땅란 요우 팡수이 꽁넝

Dāng rán yǒu fáng shuǐ gōng néng

세계시간을 나타내는 기능도 있습니다.

有显示世界时间的功能。

요우 씨안쓰 스찌에쓰찌엔 더 꽁넝

Yǒu xiǎn shì shì jiè shí jiān de gōng néng

가죽끈을 마음대로 바꿀 수 있습니다.

可以随便换皮革链。 커이 수이비엔 환 피거리엔

Kě yǐ suí biàn huàn pí gé liàn

쌍으로 구입하면 좋습니다.

买双数好。 마이 쑤앙 슈 하오

Mǎi shuāng shù hǎo

(활용)

중국은 4를 제외하고 짝수를 좋아한다. 축의금도 200元, 600元, 800元 이렇게 한다. 물건을 팔 때도 두 개를 한꺼번에 팔면서 약간 깎아주는 것도 좋은 판매 방법이다.

손목에도 딱 맞는군요.

刚好合适。 꽁하오 허스

Gāng hǎo hé shì

길이는 조절이 가능합니다.

手表链可以调整。 쇼우빠오리엔 커이 티아오쩡

Shǒu biǎo liàn kě yǐ tiáo zhěng

가방이 보고 싶은데요.

我想看一下包。
Wǒ xiǎng kàn yí xià bāo

워 샹 칸이샤 빠오

이것이 올해 발매된 것 입니다.

这个是今年出的。
Zhè gè shì jīn nián chū de

쩌거 스 찐니엔 추더

가죽소재의 숄더백도 있습니다.

也有皮革材料的背包。
Yě yǒu pí gé cái liào de bēi bāo

예요우 피거 차이랴오더 뻬이빠오

바꿔말하기

尼龙 나일론 ní long	塑料 비닐 sù liào
帆布 캔버스 fān bù	

어떤 스타일에도 어울립니다.

跟任何样式都很搭配。
Gēn rèn hé yàng shì dōu hěn dā pèi

껀 런허 양스 또우 헌 따페이

토트백도 있습니다.

也有大手提包。
Yě yǒu dà shǒu tí bāo

예요우 따쇼우 티빠오

바꿔말하기

钱包 지갑 qián bāo	记事本 다이어리 jì shì běn

진짜보다 훨씬 싸고 똑같습니다.

比真货便宜，款式一样。 비 쩐훠 피엔이, 콴쓰이양
Bǐ zhēn huò pián yi, kuǎn shì yí yàng

물건을 넣고 꺼내기가 쉽습니다.

存取简单。 춘 취 찌엔딴
Cún qǔ jiǎn dān

많이 넣을 수 있습니다.

能放很多。 넝팡 헌 뚜오
Néng fàng hěn duō

카달로그목록 에 나와 있는 제품입니다.

在目录里的商品。 짜이 무루리더 샹핀
Zài mù lù lǐ de shāng pǐn

🔖 바꿔말하기

宣传单 전단지 ┊ **广告** 광고
xuān chuán dān ┊ guǎng gào

안쪽에는 **휴대폰**용 주머니가 있습니다.

里面有放手机用的袋子。 리미엔 요우 팡쇼우찌 용더 따이쯔
Lǐ miàn yǒu fàng shǒu jī yòng de dài zi

🔖 바꿔말하기

手册 수첩 ┊ **硬币** 동전
shǒu cè ┊ yìng bì

오래 사용해도 흠집이 적고 튼튼합니다.

使用时间再怎么长都很结实耐用。
스용 스찌엔 짜이 쩐머창 또우 헌 찌에 스 나이용
Shǐ yòng shí jiān zài zěn me cháng dōu hěn jiē shi nài yòng

이곳은 특산품매장입니다.

这里是特产品商店。 쩌리 스 테찬핀 샹띠엔

Zhè lǐ shì tè chǎn pǐn shāng diàn

이것은 고려인삼입니다.

这个是高丽人参。 쩌거 스 까오리런션

Zhè gè shì gāo lì rénshēn

◀ (바꿔말하기)

干鱿鱼 말린 오징어　松菇 송이버섯
gān yóu yú　　　　sōng gū

인삼은 세계적으로 유명합니다.

人参在全世界很有名。 런션 짜이 취엔스찌에 헌 요우밍

Rénshēn zài quán shì jiè hěn yǒu míng

김치는 한국의 전통 발효식품입니다.

泡菜是韩国传统发酵品。 파오차이 스 한꿔 추안통 파짜오핀

Pào cài shì hán guó chuán tǒng fā jiào pǐn

구운 김이 있습니다.

有烤紫菜。 요우 카오쯔차이

Yǒu kǎo zǐ cài

고려인삼차는 몸에 좋습니다.

高丽人参茶对身体好。

Gāo lì rénshēn chá duì shēn tǐ hǎo

까오리런션차 뚜이 션티하오

바꿔말하기

生姜茶 생강차 ┊ **枣茶** 대추차
shēng jiāng chá ┊ zǎo chá

이것은 뭐라고 합니까?

这个叫什么？

Zhè gè jiào shén me

쩌거 짜오 션머

➡ 그것은 노리개라고 합니다.

那叫装饰品。

Nà jiào zhuāng shì pǐn

나 짜오 쭈앙쓰핀

이 **나무제품**은 선물용으로 잘 팔립니다.

这个木制商品作为礼品用卖得很好。

쩌거 무찌샹핀 쭈위 리핀용 마이더 헌 하오

Zhè gè mù zhì shāng pǐn zuò wéi lǐ pǐn yòng mài de hěn hǎo

바꿔말하기

筷子 젓가락 ┊ **陶瓷** 도자기
kuài zi ┊ táo cí

이것은 특산물 중에 가장 비쌉니다.

这个是特产品中最贵的。

쩌거 스 테찬핀쫑 쭈이꿰더

Zhè gè shì tè chǎn pǐn zhōng zuì guì de

중국까지 우송도 됩니다.

可以运送到中国。

커이 윈송 따오쫑꿔

Kě yǐ yùn sòng dào zhōng guó

기념품을 사고 싶은데요.

我想买纪念品。   워 샹마이 찌니엔핀
Wǒ xiǎng mǎi jì niàn pǐn

여러가지 기념품이 있습니다.

有各种各样的纪念品。   요우 꺼쫑꺼양더 찌니엔핀
Yǒu gè zhǒng gè yàng de jì niàn pǐn

태극기 티셔츠는 어떻습니까?

太极旗T恤衫怎么样?   타이찌치티슈샨 쩐머양
Tài jí qí T xù shān zěn me yàng

바꿔말하기

化装品 화장품   **钥匙链** 열쇠고리
huà zhuāng pǐn   yào chí liàn

한복을 입은 인형도 괜찮습니다.

穿韩服的玩偶也不错。   추안 한푸더 완오우 예 부추오
Chuān hán fú de wán ǒu yě bú cuò

요즘은 **부채**가 아주 인기 있습니다.

最近扇子卖得很好。   쭈이찐 샨쯔 마이더 헌하오
Zuì jìn shàn zi mài de hěn hǎo

바꿔말하기

运动用品 스포츠용품   **项链** 목걸이
yùn dòng yòng pǐn   xiàng liàn

이것이 아이들에게 인기 있는 것입니다.

这个很受儿童的欢迎。   쩌거 헌 쇼우 얼통더 환잉
Zhè gè hěn shòu ér tóng de huān yíng

이것이 **선물용**으로 잘 팔립니다.

这个是礼品用卖得好。　쩌거 스 리핀용 마이더 하오
Zhè gè shì lǐ pǐn yòng mài dé hǎo

（바꿔말하기）

土特产　토산품
tǔ tè chǎn

좀 더 **한국적인** 것은 어떨까요?

更有韩国情调的怎么样？　껑요우 한꿔칭띠아오 더 쩐머양
Gèng yǒu hán guó qíng diào de zěn me yang

（바꿔말하기）

传统的　전통적인　｜　现代的　현대적인
chuán tǒng de　｜　xiàn dài de

→ 네, 그편이 좋겠군요.

好，那样最好。　하오, 나양 쭈이하오
Hǎo, nà yàng zuì hǎo

함께 포장할까요?

一起包装吗？　이치 빠오쭈앙마
Yì qǐ bāo zhuāng ma

세금 포함입니다.

包括税收。　빠오쿼 슈이쇼우
Bāo kuò shuì shōu

선물용 포장은 무료입니다.

礼品包装是免费的。　리핀 빠오쭈앙 스 미엔페이더
Lǐ pǐn bāo zhuāng shì miǎn fèi de

- 물건을 셀 때는 숫자 뒤에 물건을 세는 단위를 붙여 읽으면 된다.
- 단위를 잘 모를 때는 보통 个를 붙여 읽는다. 두 개는 二个가 아니고 两个로 숫자 2가 아닌 两을 쓰므로, 주의 한다.

몇 개	几个	찌 거	jǐ gè	한 장	一张	이 짱	yì zhāng
1개	一个	이 거	yí gè	한 벌	一件	이 찌엔	yí jiàn
2개	两个	량 거	liǎng gè	한 권	全套	추안 타오	quán tào
3개	三个	산거	sān gè	한 세트	一双	이 슈앙	yì shuāng
4개	四个	스 거	sì gè	한 켤레	一箱	이 샹	yì xiāng
5개	五个	우 거	wǔ gè	한 상자	一束	이 슈	yí shù
6개	六个	류 거	liù gè	한 다발	一盘	이 판	yì pán
7개	七个	치 거	qī gè	한 접시	一只	이 찌	yì zhǐ
8개	八个	파 거	bā gè	한 마리	一本	이 뻔	yì běn
9개	九个	찌우 거	jiǔ gè	일인분	一份	이 펀	yí fèn
10개	十个	스 거	shí gè				

- 四个人과 十个人은 4와 10이 발음이 비슷하기 때문에 발음기호를 보고 연습해야 한다.

몇 명	几个人	찌거런	jǐ gè rén	6명	六个人	류거런	liù gè rén
1명	一个人	이기런	yí gè rén	7명	七个人	치거런	qī gè rén
2명	两个人	량거런	liǎng gè rén	8명	八个人	빠거런	bā gè rén
3명	三个人	산거런	sān gè rén	9명	九个人	찌우거런	jiǔ gè rén
4명	四个人	스거런	sì gè rén	10명	十个人	스거런	shí gè rén
5명	五个人	우거런	wǔ gè rén	20명	二十个人	얼스거런	èrshí gè rén

워 샹칸 쇼우빠오
我想看手表。
Wǒ xiǎng kàn shǒu biǎo

손목시계가 보고 싶은데요.

쩌거 쩐머양
这个怎么样？
Zhè gè zěn me yàng

이것은 어떻습니까?

부추오
不错。
Bú cuò

멋지군요.

쩌거 스 구찌 양쓰, 헌써우 환잉
这个是古奇样式，很受欢迎。
Zhè gè shì gǔqi yàng shì, hěn shòu huān yíng

이것은 구찌스타일의 제품으로, 아주 인기 있습니다.

요우 난쾬더마
有男款的吗？
Yǒu nán kuǎn de ma

이것의 남성사이즈도 있습니까?

땅란
当然。
Dāng rán

물론입니다.

88

뚜오샤오치엔
多少钱?
Duō shǎo qián

얼마입니까?

스완 한웬
10万韩元。
Shí wàn hán yuán

10만원입니다.

인웨이 마이 량찌엔, 부넝 짜이 피엔이 이띠엔마
因为买两件, 不能再便宜一点吗?
Yīn wèi mǎi liǎng jiàn, bù néng zài pián yì yì diǎn ma

2개라면 더 싸게 안될까요?

인웨이 쩌거 스 신찬핀, 요우띠엔…(쿤난)
因为这个是新产品, 有点...(困难)。
Yīn wéi zhè gè shì xīn chǎn pǐn, yǒu diǎn...(kùn nán)

이것은 신상품이라서, 그건 좀(곤란합니다).

워 쯔따오러, 커이 빠오쭈앙 이샤마
我知道了, 可以包装一下吗?
Wǒ zhī dào le, kě yǐ bāo zhuāng yí xià ma

알겠습니다. 포장해 주시겠습니까?

하오더, 칭 샤오덩피엔커
好的, 请稍等片刻。
Hǎo de, qǐng shāo děng piàn kè

네, 잠시만 기다려 주십시오.

워 샹 칸이샤 딴찌엔피빠오
我想看一下单肩皮包。
Wǒ xiǎng kàn yí xià dān jiān pí bāo

솔더백을 보고 싶습니다만.

하오더, 쩌리 요우 헌뚜오쫑러이, 칭 만만칸
好的，这里有很多种类，请慢慢看。
Hǎo de, zhè lǐ yǒu hěn duō zhǒng lèi, qǐng màn màn kàn

네, 여러 가지 있으니까, 구경해 보십시오.

아, 쩌거 쩐커아이
啊，这个真可爱。
A, zhè gè zhēn kě ài

아, 이것이 귀엽군요.

쩌거 스 샹나이얼 찬핀더 푸찌빤
这个是香奈儿产品的复制版。
Zhè gè shì xiǎng nài ér chǎn pǐn de fù zhì bǎn

그것은 샤넬 제품을 카피한 것입니다.

스마? 요우 삐에더 옌써마
是吗？有别的颜色吗？
Shì ma, yǒu bié de yán se ma

그렇습니까? 다른 색은 없습니까?

요우 허이써, 빠이써, 란써, 펀홍써
有黑色、白色、蓝色、粉红色。
Yǒu hēi sè, bái sè, lán sè, fěn hóng sè

검정, 흰색, 블루, 핑크 등이 있습니다.

넝 게이워 칸이샤 란써더마
能给我看一下蓝色的吗？
Néng gěi wǒ kàn yí xià lán sè de ma

푸른색을 좀 보여 주시겠습니까?

하오더 , 짜이 쩌리
好的，在这里。
Hǎo de, zài zhè lǐ

네, 여기 있습니다.

응, 쩌거 팅 허쓰더, 뚜오샤오치엔
嗯，这个挺合适的，多少钱？
Eng, zhè gè tǐng hé shì de, duō shǎo qián

네, 이것이 마음에 드는군요. 얼마입니까?

빠완 한웬, 삐쩐핀 피엔이헌 뚜오
8万韩元，比真品便宜很多。
Bā wàn hán yuán, bǐ zhēn pǐn pián yì hěn duō

8만원입니다. 진짜보다 훨씬 쌉니다.

부추오, 칭 게이워 이찌엔
不错，请给我一件。
Bú cuò, qǐng gěi wǒ yí jiàn

괜찮군요. 이것을 주십시오.

씨에씨에, 칭 샤오덩 피엔커
谢谢，请稍等片刻。
Xiè xiè, qǐng shāo děng piàn kè

감사합니다. 잠시만 기다려 주십시오.

니하오, 워 요우 이거 웬티 샹원
你好，我有一个问题想问。
Nǐ hǎo, wǒ yǒu yí gè wèn tí xiǎng wèn

여보세요, 잠깐 묻고 싶은 것이 있는데요.

하오더, 칭원
好的，请问。
Hǎo de, qǐng wèn

네, 물어보십시오.

쩌거 쨔오 션머
这个叫什么？
Zhè gè jiào shén me

이것은 뭐라고 하는 것입니까?

쩌거 쨔오 미엔쭈
这个叫面具。
Zhè gè jiào miàn jù

그것은 탈이라고 합니다.

쭈오웨이 찌니엔핀 헌 하오빠
作为纪念品很好吧？
Zuò wèi jì niàn pǐn hěn hǎo ba

기념품으로 좋을까요?

헌 뚜오 꾸안꽝커 또우 마이타 휘추
很多观光客都买它回去。
Hěn duō guān guāng kè dōu mǎi tā huí qù

많은 관광객이 사서 돌아갑니다.

请告诉我其它不错的物品。
Qǐng gào sù wǒ qí tā bú cuò de wù pǐn

이 외에도 좋은 물건을 가르쳐 주십시오.

嗯，这个怎么样？
Eng, zhè gè zěn me yàng

응, 이것은 어떻습니까?

这个不是娃娃吗？
Zhè gè bú shì wá wá ma

그것은 인형이 아닙니까?

是的，这是穿传统韩式上衣和裙子的传统娃娃。
Shì de, zhè shì chuān chuán tǒng hán shì shàng yī hé qún zi de
chuán tǒng wá wá

네, 치마저고리를 입은 한국의 전통인형입니다.

很可爱啊。也请给我一个那个。
Hěn kě ài a. yě qǐng gěi wǒ yī gè nà gè

귀엽군요. 그것도 주십시오.

谢谢。
Xiè xiè

감사합니다.

환잉광린
欢迎光临。
Huān yíng guāng lín

어서 오십시오.

따라오러, 칭웬 요우 까오리런션마
打扰了，请问有高丽人参吗？
Dǎ rǎo le, qǐng wèn yǒu gāo lì rén shēn ma

실례지만, 고려인삼 있습니까?

요우, 워먼 띠엔 요우 산니엔허 우니엔더
有，我们店有3年和5年的。
Yǒu, wǒ men diàn yǒu sān nián hé wǔ nián de

네, 우리가게에는 3년과 5년짜리가 있습니다.

하이스 라오더 하오
还是老的好。
Hái shì lǎo de hǎo

역시 오래된 것이 좋겠죠.

스더, 하이요우 치타더 쑤야오마
是的，还有其它的需要吗？
Shì de, hái yǒu qí tā de xū yào ma

그럼요, 이 외에 무엇인가 필요한 것은 없습니까?

아, 요우 쑹구마
啊，有松菇吗？
A, yǒu sōng gū ma

아, 송이버섯도 있습니까?

94

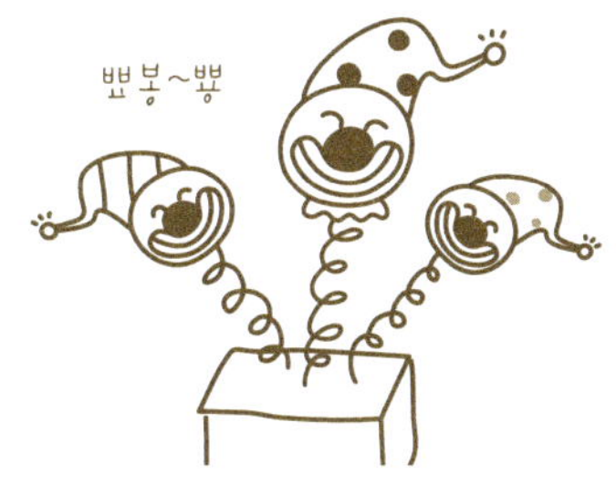

요우, 칭 샤오덩 피엔커

有，请稍等片刻。
Yǒu, qǐng shāo děng piàn kè

네, 잠시만 기다려 주십시오.

쭈오웨이 리우용핀, 넝 게이워 빠오쭈앙 이샤마

作为礼物用品，能给我包装一下吗？
Zuò wèi lǐ wù yòng pǐn, néng gěi wǒ bāo zhuāng yī xià ma

선물용으로 포장해 주시겠습니까?

워 쯔따오러

我知道了。
Wǒ zhī dào le

알겠습니다.

커이 용 카 쯔푸마

可以用卡支付吗？
Kě yǐ yòng kǎ zhī fù ma

카드로도 지불할 수 있습니까?

뚜이뿌치, 워먼띠엔 찌 쇼우 씨엔찐

对不起，我们店只收现金。
Duì bù qǐ, wǒ men diàn zhǐ shōu xiàn jīn

죄송합니다만, 우리가게는 현금지불뿐이라서.

워 쯔따오러

我知道了。
Wǒ zhī dào le

알겠습니다.

멋내기의 필수품 – 선글라스

중국에서도 선글라스가 패션 액세서리의 필수품으로 자리잡은지 오래이다. 지역별로 선글라스에 대한 선호도도 좀 차이가 있는데, 북쪽에 사는 중국사람에 비해 남쪽의 중국사람들이 선글라스를 더욱 애용한다. 남쪽지방은 덥고 태양빛이 더 강렬하기 때문에 선글라스가 실제로 더 유용하기 때문이다. 외모로 볼 때 키가 좀 작고 얼굴이 흡사 중국사람들과 동남아 사람들을 반쯤 섞어 놓은 듯한 사람들이 남부의 사람들이다.

유행을 이끌어 가는 젊은 사람들은 옷에 따라서 여러 가지 색깔의 렌즈를 가지고 있다.

검정, 갈색 외에 초록색, 푸른색, 노란색 등 다양한 색깔의 렌즈가 사랑을 받고 있다.

중국여성들의 액세서리

일본사람이나 한국사람에 비해 중국사람들은 목걸이나 귀걸이에 대해 다
분히 보수적인 편이다. 코걸이, 귀찌는 거의 하지 않는다.
젊은 여성들을 중심으로 각자의 개성에 맞추어 가죽, 끈, 은 소재의 팔
찌, 목걸이 등을 한다.

옷입는 취향이 다양하기 때문에
그에 따라 액세서리도 상당히 다양
한 취향을 나타낸다. 옷과의 조화
를 중요시 하는 측면이 많기 때문
에 판매하는 옷과 함께 여러가지 액
세서리도 함께 판매하는 것이 바람
직하다.

1. **这个眼镜可以试戴吗？**　쩌거 옌찡 커이 스 따이 마
Zhè gè yǎn jìng kě yǐ shì dài ma
이 안경, 써봐도 괜찮습니까?

2. **请给我看一下这个银边眼镜。**
칭 게이 워 칸이샤 쩌거 인삐엔 옌찡
Qǐng gěi wǒ kàn yí xià zhè gè yín biān yǎn jìng
은테안경을 보여 주십시오.

3. **我想看一下没有眼镜框的眼镜。**
워 샹 칸이샤 메이요우 옌찡 쾅더 옌찡
Wǒ xiǎng kàn yí xià méi yǒu yǎn jìng kuàng de yǎn jìng
안경테 없는 안경을 보고 싶은데요.

4. **这是今年的流行框架。**　쩌스 찐니엔더 류씽 쾅쨔
Zhè shì jīn nián de liú xíng kuàng jià
올해의 유행하는 테입니다.

5. **没有再薄一点儿的镜片吗？**
메이 요우 짜이 빠오 이띠엔더 찡피엔마
Méi yǒu zài báo yì diǎn er de jìng piàn ma
좀더 렌즈가 얇은 것 없습니까?

6. **也有太阳镜吗？** 예 요우 타이양찡마
Yě yǒu tài yáng jìng ma
선글라스도 있습니까?

7. **我想看一下草绿色镜片的太阳镜。**
워 샹 칸이샤 쵸뤼써 찡피엔더 타이양찡
Wǒ xiǎng kàn yí xià cǎo lǜ sè jìng piàn de tài yáng jìng
초록색 렌즈의 선글라스를 갖고 싶습니다만.

손님

목걸이

1. **只是看看，可以吗？** 찌 스 칸칸, 커이마
   Zhǐ shì kàn kàn, kě yǐ ma
   그냥 구경만 해도 괜찮습니까?

2. **能给我看一下耳坠吗？** 넝 게이 워 칸이샤 얼쭈이마
   Néng gěi wǒ kàn yí xià ěr zhuì ma
   귀걸이를 보여 주십시오.

3. **我想看一下那条银项链。** 워 샹 칸이샤 나타오 인샹리엔
   Wǒ xiǎng kàn yí xià nà tiáo yín xiàng liàn
   저, 은목걸이가 보고 싶은데요.

4. **我很想买白金戒指。** 워 헌 샹마이 빠이찐찌에쯔
   Wǒ hěn xiǎng mǎi bái jīn jiè zhǐ
   백금반지를 사고 싶습니다만.

5. **有手镯吗？** 요우 쇼우쭈오마
   Yǒu shǒu zhuó ma
   팔찌도 있습니까?

6. **我想要简洁的东西。** 워 샹 야오 찌엔찌에더 똥씨
   Wǒ xiǎng yào jiǎn jié de dōng xī
   심플한 것을 원합니다만.

7. **没有更华丽一点的吗？** 메이요우 껑 화리 이띠엔더 마
   Méi yǒu gèng huá lì yì diǎn de ma
   더 화려한 것은 없습니까?

8. **有链条式的银手镯吗？** 요우 리엔타오스더 인쇼우쭈오마
   Yǒu liàn tiáo shì de yín shǒu zhuó ma
   체인으로 된 은팔찌 있습니까?

1. **这是情侣戒指吗？**　쩌 스 칭뤼찌에찌마
Zhè shì qíng lǚ jiè zhǐ ma
이것은 커플링입니까?

2. **可以试戴一下吗？**　커이 스 따이 이샤마
Kě yǐ shì dài yí xià ma
한 번 해봐도 괜찮습니까?

3. **可以拿那个出来看一下吗。**　커이 나나거 추라이 칸 이샤마
Kě yǐ ná nà gè chū lái kàn yí xià ma
저것을 꺼내 봐 주십시오.

4. **可以试戴一下这个戒指吗？**　커이 스 따이 이샤 쩌거 찌에찌마
Kě yǐ shì dài yí xià zhè gè jiè zhǐ ma
이 반지 껴봐도 괜찮습니까?

5. **非常可爱啊。**　페이창 커아이아
Fēi cháng kě ài a
아주 귀엽군요.

6. **非常漂亮啊。**　페이창 퍄오량아
Fēi cháng piào liàng a
아주 아름답군요.

7. **我喜欢这个。**　워 씨환 쩌거
Wǒ xǐ huan zhè gè
저는 이것이 마음에 듭니다.

8. **对不起，有发卡吗？**　뚜이부치, 요우 파챠마
Duì bù qǐ, yǒu fàqiǎ ma
죄송하지만, 머리핀도 있습니까?

안경을 사고 싶습니다만.

想买眼镜。 상마이 옌찡
Xiǎng mǎi yǎn jìng

바꿔말하기

太阳镜 선글라스　隐形眼镜 콘택트 렌즈
tài yáng jìng　　yǐn xíng yǎn jìng

➡ 네, 이 안경은 어떻습니까?

好的，这个眼镜怎么样？ 하오더, 쩌거 옌찡 쩐머양
Hǎo de, zhè gè yǎn jìng zěn me yàng

이것이 이번 시즌 대유행입니다.

这是这个季节的流行款。 쩌 스 쩌거 찌찌에더 리우씽콴
Zhè shì zhè gè jì jié de liú xíng kuǎn

금테안경이 인기 있습니다.

金边眼镜很有人气。 찐삐엔 옌찡 헌 요우 런치
Jīn biān yǎn jìng hěn yǒu rén qì

바꿔말하기

银边 은테　无边 무테
yín biān　wú biān

디자인이 심플합니다.

设计很简单。 스찌 헌 찌엔딴
Shè jì hěn jiǎn dān

렌즈가 얇아서, 아주 가볍습니다.

因为镜片很薄，所以很轻。 인웨이 찡피엔 헌 빠오, 수오 이 헌 칭
Yīn wèi jìng piàn hěn báo, suǒ yǐ hěn qīng

이것이 **신제품**입니다만.

这是新产品。

Zhè shì xīn chǎn pǐn

쩌 스 신찬핀

바꿔말하기

人气品 인기품
rén qì pǐn

회색렌즈가 올해 매우 인기 있습니다.

今年灰色眼镜很有人气。

Jīn nián huī sè yǎn jìng hěn yǒu rén qì

찐니엔 휘써 옌찡 헌 요우 런치

바꿔말하기

棕色 갈색 　**蓝色** 푸른색
zōng sè 　　lán sè

멋내기의 필수 아이템입니다.

这是打扮的必须过程。

Zhè shì dǎ bàn de bì xū guò chéng

쩌 스 따빤더 삐쑤꿔청

바닷가에서도 매우 실용적입니다.

在海边也是非常实用的。

Zài hǎi biān yě shì fēi cháng shí yòng de

짜이하이삐엔 예 스 페이창 스용더

바꿔말하기

运动场 스포츠장 　**驾车时** 운전중
yùn dòng chǎng 　　jià chē shí

이것은 구찌 스타일의 선글라스입니다.

这是古奇风格的太阳镜。

Zhè shì gǔqi fēng gé de tài yáng jìng

쩌 스 구찌 펑거더 타이양찡

눈이 피로하지 않습니다.

眼睛不疲劳。

Yǎn jīng bù pí láo

옌찡 부 피라오

반지를 보여 주십시오.

请给我看一下**戒指**。　칭 게이워 칸이샤　찌에찌
Qǐng gěi wǒ kàn yí xià jiè zhǐ

바꿔말하기

结婚戒指 결혼반지
jié hūn jiè zhǐ

앉아서 천천히 구경하십시오.

请坐下慢慢看。　칭 쭈오샤 만만칸
Qǐng zuò xià màn màn kàn

이 **금**반지는 어떻습니까?

这个**金**戒指怎么样?　쩌거 찐찌에찌 쩐머양
Zhè gè jīn jiè zhǐ zěn me yàng

바꿔말하기

白金 백금　**银** 은
bái jīn　yín

심플한 디자인을 찾고 있습니다만.

我在找设计简单的。　워 짜이 짜오 써찌 찌엔딴더
Wǒ zài zhǎo shè jì jiǎn dān de

여성들이 좋아하는 디자인입니다.

女性喜欢的设计。　뉘씽 씨환더 써찌
Nǚ xìng xǐ huan de shè jì

이 반지를 끼워 보십시오.

请戴这个戒指试试。　칭 따이 쩌거 찌에찌 쓰쓰
Qǐng dài zhè gè jiè zhǐ shì shì

손가락이 아주 가늘고 길군요.

手指非常细长。　쇼우찌 페이창 씨창
Shǒu zhǐ fēi cháng xì cháng

결혼반지도 있습니다.

也有结婚戒指。　예요우 찌에훈 찌에찌
Yě yǒu jié hūn jiè zhǐ

〔바꿔말하기〕

订婚戒指 약혼반지　**情侣戒指** 커플반지
dìng hūn jiè zhǐ　qíng lǚ jiè zhǐ

티파니를 카피한 반지입니다.

这是蒂芙尼戒指的复制品。　쩌 스 티푸니찌에쯔더 푸찌핀
Zhè shì dì fú ní jiè zhǐ de fù zhì pǐn

우아한복장에도 잘 어울립니다.

也很适合优雅的服装。　예 헌 쓰허 요우야더 푸주앙
Yě hěn shì hé yōu yǎ de fú zhuāng

〔바꿔말하기〕

休闲的 캐쥬얼한　**独特的** 독특한
xiū xián de　dú tè de

집게손가락에 끼면 더 예쁩니다.

戴在食指上更好看。　따이짜이 스찌샹 껑하오칸
Dài zài shí zhǐ shàng gēng hǎo kàn

좀 폭넓은 디자인입니다.

有更大的设计。　요우 껑따더 써찌
Yǒu gēng dà de shè jì

목걸이를 보고 싶은데요.

我想看一下项链。 워 샹 칸이샤 샹리엔

Wǒ xiǎng kàn yí xià xiàng liàn

이 목걸이의 소재는 무엇입니까?

这个项链的材料是什么？ 쩌거 샹리엔더 차이랴오 스 션머

Zhè gè xiàng liàn de cái liào shì shén me

순금입니다.

是纯金。 스 춘찐

Shì chún jīn

바꿔말하기

18金 18K	**14金** 14K
shí bā jīn	shí sì jīn

여름에는 은목걸이가 좋습니다.

夏天戴银项链好。 샤티엔 따이 인샹리엔 하오

Xià tiān dài yín xiàng liàn hǎo

세련된 디자인입니다.

简洁的设计。 찌엔찌에더 써찌

Jiǎn jié de shè jì

이 **반지**와 셋트입니다.

和这个戒指是一套的。 허쩌거 찌에찌 스 이타오더

Hé zhè gè jiè zhǐ shì yí tào de

바꿔말하기

耳坠 귀걸이	**手镯** 팔찌
ěr zhuì	shǒu zhuó

저 귀걸이를 보여 주십시오.

请给我看一下那个耳坠。　칭 게이워 칸이샤 나거 얼쭈이
Qǐng gěi wǒ kàn yí xià nà gè ěr zhuì

이 귀걸이는 젊은 여성들에게 매우 인기 있습니다.

这个耳坠在年轻女性里非常有人气。
쩌거 얼쭈이 짜이 니엔칭 뉘씽리 페이창 요우 런치
Zhè gè ěr zhuì zài nián qīng nǚ xìng lǐ fēi cháng yǒu rén qì

이것은 귀에 꽂기만 하면 됩니다.

这个插进耳朵里就行。　쩌거 차찐 얼뚜오리 찌우 싱
Zhè gè chā jìn ěr duǒ lǐ jiù xíng

진주 귀걸이도 있습니다.

也有珍珠耳坠。　예요우 쩐쭈 얼쭈이
Yě yǒu zhēn zhū ěr zhuì

▶ 바꿔말하기

金 금 ┊ 银 은
jīn ┊ yín

나에게는 조금 화려하지 않을까요?

对于我来说不是有点华丽吗？
뚜이위 워 라이슈오 부 스 요우띠엔 화리마
Duì yú wǒ lái shuō bù shì yǒu diǎn huá lì ma

구슬로 꿴 팔찌도 귀엽습니다.

珠子手镯也可爱。　쭈쯔 쇼우쭈오 예 커아이
Zhū zǐ shǒu zhuó yě kě ài

판매에 꼭 필요한 날짜 읽는 법

월					요일			
1월	一月	이 위에	yī yuè		월요일	星期一	씽치이	xīng qī yī
2월	二月	얼 위에	èr yuè		화요일	星期二	씽치얼	xīng qī èr
3월	三月	산 위에	sān yuè		수요일	星期三	씽치산	xīng qī sān
4월	四月	스 위에	sì yuè		목요일	星期四	씽치스	xīng qī sì
5월	五月	우 위에	wǔ yuè		금요일	星期五	씽치우	xīng qī wǔ
6월	六月	류 위에	liù yuè		토요일	星期六	씽치류	xīng qī liù
7월	七月	치 위에	qī yuè		일요일	星期天	씽치티엔	xīng qī tiān
8월	八月	빠 위에	bā yuè		무슨 요일	星期几	씽치찌	xīng qī jǐ
9월	九月	찌 위에	jiǔ yuè					
10월	十月	스 위에	shí yuè					
11월	十一月	스이위에	shí yī yuè					
12월	十二月	스얼위에	shí èr yuè					

• 날짜 日 는 문어적 표현이고, 대화에서는 **号** hào 를 많이 쓴다.

1 日	이 르	yī rì		1 号	이 하오	yī hào
2 日	얼 르	èr rì		2 号	얼 하오	èr hào
3 日	산 르	sān rì		3 号	산 하오	sān hào
4 日	스 르	sì rì		4 号	스 하오	sì hào
18 日	스빠 르	shí bā rì		18 号	스빠 하오	shí bā hào
19 日	스찌우 르	shí jiǔ rì		19 号	스찌우 하오	shí jiǔ hào
22 日	얼스얼 르	èr shí èr rì		22 号	얼스얼 하오	èr shí èr hào
31 日	산스이 르	sān shí yī rì		31 号	산스이 하오	sān shí yī hào

환잉광린

欢迎光临。
Huān yíng guāng lín

어서오십시오.

워샹 칸이샤 타이양찡

我想看一下太阳镜。
Wǒ xiǎng kàn yí xià tài yáng jìng

선글라스를 보고 싶습니다만.

하오더, 칭칸

好的，请看。
Hǎo de, qǐng kàn

네, 보십시오.

커이 게이워 칸이샤 나거마

可以给我看一下那个吗？
Kě yǐ gěi wǒ kàn yí xià nà gè ma

저것을 좀 보여 주시겠습니까?

닌 스 슈오 쩌거마

您是说这个吗？
Nín shì shuō zhè gè ma

이것 말입니까?

스더, 란써 찡피엔더

是的，蓝色镜片的。
Shì de, lán sè jìng piàn de

네, 푸른색 렌즈입니다.

란써 스 쩌거 찌뚜더 류씽써
蓝色是这个季度的流行色。
Lán sè shì zhè gè jì dù de liú xíng sè

푸른색은 이번 시즌의 유행 색입니다.

스마
是吗？
Shì ma

그렇습니까?

인웨이 찌엔찌에 슈오이짜이 니엔칭런 리미엔 요우 런치
因为简洁所以在年轻人里面有人气。
Yīn wèi jiǎn jié suǒ yǐ zài nián qīng rén lǐ miàn yǒu rén qì

심플해서 젊은이들에게 인기가 있습니다.

뚜오샤오치엔
多少钱？
Duō shǎo qián

얼마입니까?

이완량치엔 한웬
12,000韩元。
Yí wàn liǎng qiān hán yuán

12,000원입니다.

헌 부추오, 칭 게이워 쩌거
很不错，请给我这个。
Hěn bú cuò, qǐng gěi wǒ zhè gè

괜찮군요. 이것을 주십시오.

워 샹마이 찌에찌
我 想 买 戒 指。
Wǒ xiǎng mǎi jiè zhǐ

반지를 사고 싶습니다만.

하오더, 칭 만만칸
好 的，请 慢 慢 看。
Hǎo de, qǐng màn màn kàn

네, 천천히 구경하십시오.

쩌거더 차이랴오 스 션머
这 个 的 材 料 是 什 么？
Zhè gè de cái liào shì shén me

이것의 소재는 무엇입니까?

빠이찐
白 金。
Bái jīn

백금입니다.

쩐 하오칸
真 好 看。
Zhēn hǎo kàn

매우 예쁘군요.

쩌스 샹나이얼더 푸쯔핀
这 是 香 奈 儿 的 复 制 品。
Zhè shì xiāng nài ér de fù zhì pǐn

그것은 샤넬 것을 카피한 것입니다만.

오, 스마? 뚜오샤오치엔
哦，是吗？多少钱？
Ò, shì ma? duō shǎo qián

아, 그렇습니까? 얼마입니까?

이완 한웬, 비 쩐핀 피엔이헌뚜오
10,000韩元，比真品便宜很多。
Yí wàn hán yuán, bǐ zhēn pǐn pián yì hěn duō

10,000원으로 진짜보다 훨씬 쌉니다.

커이, 스 따이 이샤 쩌거마
可以，试戴一下这个吗？
Kě yǐ, shì dài yí xià zhè gè ma

이것, 좀 껴봐도 괜찮습니까?

땅란러, 칭 스 따이
当然了，请试戴。
Dāng rán le, qǐng shì dài

물론입니다. 끼워 보십시오.

아, 깡하오 허쓰, 칭 게이워 쩌거
啊，刚好合适，请给我这个。
A, gāng hǎo hé shì, qǐng gěi wǒ zhè gè

아, 딱 맞는군요, 이것을 주십시오.

워 쯔따오러
我知道了。
Wǒ zhī dào le

알겠습니다.

환잉광린
欢迎光临。
Huān yíng guāng lín

어서 오십시오.

워 샹게이 펑요우 마이리우
我想给朋友买礼物。
Wǒ xiǎng gěi péng you mǎi lǐ wù

친구의 선물을 찾고 있습니다만.

하오더, 칭 만만칸
好的，请慢慢看。
Hǎo de, qǐng màn màn kàn

네, 천천히 구경하십시오.

루꿔 요우 피엔이 하오칸더 샹리엔 찌우 하오러
如果有便宜好看的项链就好了。
Rú guǒ yǒu pián yì hǎo kàn de xiàng liàn jiù hǎo le

싸고, 멋있는 목걸이가 좋겠습니다만.

닌더 위쑤안 스 뚜오샤오
您的预算是多少？
Nín de yù suàn shì duō shǎo

예산은 어느 정도입니까?

량, 산완 한웬 쭈오요우
2, 3万韩元左右。
Liǎng sān wàn hán yuán zuǒ yòu

2, 3만원정도 입니다.

나머 쩌탸오 샹리엔 쩐머양
那么这条项链怎么样？
Nà me zhè tiáo xiàng liàn zěn me yàng

그럼, 이 목걸이는 어떻습니까?

팅 커아이더, 딴스 메이요우 껑 커아이더러마
挺可爱的，但是没有更可爱的了吗？
Tǐng kě ài de, dàn shì méi yǒu gēng kě ài de le ma

예쁘군요. 그런데 좀 더 귀여운 것은 없습니까?

쩌양더화, 쩌거 쩐머양
这样的话，这个怎么样？
Zhè yàng de huà, zhè gè zěn me yàng

그렇다면, 이것은 어떻습니까?

아, 헌 커아이. 뚜오샤오치엔
啊，很可爱。多少钱？
A, hěn kě ài. duō shǎo qián

아, 귀엽군요. 얼마입니까?

량완 우치엔 한웬
2万5千韩元。
Liǎng wàn wǔ qiān hán yuán

2만 5천원입니다.

나머 칭 게이워 빠오쭈앙 이샤 쩌거
那么请给我包装一下这个。
Nà me qǐng gěi wǒ bāo zhuāng yī xià zhè gè

그럼, 그것을 포장해 주십시오.

매끈매끈한 피부

중국여성들이 외모에서 가장 관심을 갖는 부분 중의 하나가 피부이다. TV방송이나 잡지 등의 화장품 광고도 홍수를 이른다.

중국여성들은 '피부가 예쁘다' 또는 '참 깨끗하다' 라고 말하면서 처음 만나는 사람에게 관심을 보인다. 특히 한국여성들의 피부가 좋다는 말을 입에 달고 산다. 그렇기 때문에 중국인들이 한국에 오면 한국화장품에 많은 관심을 가지고 한 번에 큰 손으로 구매한다.

중국에서는 샘플을 주지 않는다

우리나라도 화장품코너가 과거와 달리 회사별로 전문화가 되는 추세인데, 중국도 여러 메이커 제품이 한 곳에 있기보다는 메이커별 전문코너가 있는 경우가 많다. 중저가 화장품은 함께 매장에서 파는 경우가 많고, 좀 고급화장품인 경우 회사별로 매장이 분리되어 있다.

중국에서는 화장품의 샘플을 주는 일이 거의 없다. 우리나라처럼 샘플을

주는 일이 거의 없기 때문에, 중국인 손님에게 샘플을 덤으로 드린다는 점을 이용하면 매상을 팍팍 올릴 수 있다.

중국 관광객이 많이 모이는 명동은 화장품가게가 성업중이며, 방문고객에 대해 음료수나 화장품샘플을 주는데 이런 전략이 중국인들에게 맞는 경우가 많다.

중국어가 판매에 큰 역할

다른 상품에 비해 화장품은 기본적인 중국어 회화를 할 수 있느냐에 따라 판매량에 큰 차이를 보인다. 중국남자들은 화장품에 대한 지식이 극히 부족하고 스킨이나 기능성화장품에 대해 잘 모른다. 보통 아내나 주변사람들에게 선물을 하기 위해 매장을 방문하는 경우가 많다.

최근 명동 매장의 경우, 중국인을 직접 고용해서 판매에 큰 도움을 받고 있는데 기본적인 효능이나 화장품 종류에 대해 중국어로 설명할 수 있다면 매상을 크게 올릴 수 있다.

1. **化装品卖场在哪里？** 화쭈앙핀 마이창 짜이 나리
Huà zhuāng pǐn mài chǎng zài nǎ lǐ
화장품매장은 어디입니까?

2. **请给我看一下口红。** 칭 게이 워 칸이샤 커우홍
Qǐng gěi wǒ kàn yí xià kǒu hóng
립스틱을 보여 주십시오.

3. **我想买润肤液。** 워 샹마이 룬푸예
Wǒ xiǎng mǎi rùn fū yè
로션을 사고싶습니다만.

4. **流行哪种颜色？** 류씽 나쫑 옌써
Liú xíng nǎ zhǒng yán sè
어떤 색이 유행입니까?

5. **有男士用的吗？** 요우 난쓰 용더마
Yǒu nán shì yòng de ma
남성용도 있습니까?

6. **可以试涂一下吗？** 커이 쓰투 이샤마
Kě yǐ shì tú yí xià ma
발라봐도 괜찮습니까?

7. **可以给我小样吗？** 커이 게이 워 샤오양마
Kě yǐ gěi wǒ xiǎo yàng ma
샘플도 받을 수 있습니까?

8. **这里可以免税吗？**
Zhè lǐ kě yǐ miǎn shuì ma
여기는 면세가 됩니까?

찌리 커이 미엔슈이마

9. **请给我兰蔻粉盒。**
Qǐng gěi wǒ lán kòu fěn hé
랑콤 콤팩트를 주십시오.

칭 게이 워 란커우 펀허

그냥 구경만 해도 괜찮습니까?

可以随便看看吗？ 커이 수이비엔 칸칸마
Kě yǐ suí biàn kàn kàn ma

➡ 네, 편안히 구경하십시오.

好的，请随便看看。 하오더, 칭 수이비엔 칸칸
Hǎo de, qǐng suí biàn kàn kàn

립스틱을 보여 주십시오.

请给我看看口红。 칭게이워 칸칸 커우훙
Qǐng gěi wǒ kàn kàn kǒu hóng

바꿔말하기

褥子 루즈
rù zi

이 색이 인기가 있습니다.

这个颜色有人气。 쩌거 옌써 요우 런치
Zhè gè yán sè yǒu rén qì

샤넬 55번을 주십시오.

请给我香奈儿55号。 칭 게이워 쌍나이얼 우스우하오
Qǐng gěi wǒ xiāng nài ér wǔ shí wǔ hào

손님 피부에는 **핑크색**이 어울릴 것 같습니다.

顾客的皮肤好像很适合粉红色。
꾸커더 피후 하오샹 헌 스허 펀 훙써
Gù kè de pí fū hǎo xiàng hěn shì hé fěn hóng sè

바꿔말하기

驼色 베이지 ： 赤色 빨강색
tuó sè   chì sè

118

이 **아이섀도**는 어떻습니까?

这个眼影膏怎么样？　쩌거 옌잉까오 쩐머양
Zhè gè yǎn yǐng gāo zěn me yàng

> 바꿔말하기
>
> **眼线笔** 아이라이너 ｜ **睫毛膏** 마스카라
> yǎn xiàn bǐ ｜ jié máo gāo

5색의 아이섀도우입니다.

有5色组合的眼影膏。　요우 우써 쭈허더 옌잉까오
Yǒu wǔ sè zǔ hé de yǎn yǐng gāo

이것이 올해 **주목색**입니다.

这是今年受关注的颜色。　쩌스 찐니엔 쇼우 꽌쭈더 옌써
Zhè shì jīn nián shòu guān zhù de yán sè

> 바꿔말하기
>
> **(的)人气色** 인기색 ｜ **(的)流行色** 유행색
> (de)rén qì sè ｜ (de)liú xíng sè

눈매가 귀엽게 보입니다.

眼睛的样子看起来很可爱。
옌찡더 양쯔 칸치라이 헌 커아이
Yǎn jīng de yàng zi kàn qǐ lái hěn kě ài

안에 펄이 들어가 있습니다.

里面有珍珠。　리미엔 요우 쩐쭈
Lǐ miàn yǒu zhēn zhū

피부가 하얘서, 잘 어울립니다.

因为皮肤很白，所以很合适。
인웨이 피후 헌 빠이, 슈오이 헌 허스
Yīn wèi pí fū hěn bái, suǒ yǐ hěn hé shì

수입화장품코너는 어디입니까?

进口化装品柜台在什么地方？

찐커우 화쭈앙핀꾸이 타이 짜이 션머 띠팡

Jìn kǒu huà zhuāng pǐn guì tái zài shén me dì fāng

바로 옆 매장입니다.

就在旁边的卖场。

찌우짜이 팡삐엔더 마이창

Jiù zài páng biān de mài chǎng

이 **화장품**은 수입품입니다.

这个化装品是进口品。

쩌거 화쭈앙핀 스 찐커우핀

Zhè gè huà zhuāng pǐn shì jìn kǒu pǐn

바꿔말하기

香水 향수 ┊ **指甲油** 매니큐어
xiāng shuǐ ┊ zhǐ jiā yóu

피부에 좋습니다.

对皮肤好。

뚜이 피푸 하오

Duì pí fū hǎo

이 **화장품**은 식물성입니다.

这个化装品是植物性的。

쩌거 화쭈앙핀 스 쯔우씽더

Zhè gè huà zhuāng pǐn shì zhí wù xìng de

바꿔말하기

洗面奶 클렌징 크림 ┊ **精华液** 에센스
xǐ miàn nǎi ┊ jīng huá yè

피부는 어떤 타입입니까?

皮肤是哪种类型的？

피후 스 나쭁 레이씽더

Pí fū shì nǎ zhǒng lèi xíng de

→ 저는 건성타입입니다.

我是干性的。 워 스 깐씽더
Wǒ shì gān xìng de

오래된 **각질**을 쉽게 제거합니다.

可以容易地清除堆积已久的角质。
커이 롱이더 칭추 뚜이찌 이찌우더 짜오쯔
Kě yǐ róng yì de qīng chú duī jī yǐ jiǔ de jiǎo zhì

바꿔말하기
皮脂 피지
pí zhǐ

족족함을 오래도록 지속시킵니다.

持久保湿。 츠찌우 빠오쓰
Chí jiǔ bǎo shī

매끈매끈한 피부가 됩니다.

变成滑润的皮肤。 삐엔 청 화룬더 피후
Biàn chéng huá rùn de pí fū

바꿔말하기
圆润 반들반들한
yuán rùn

流露光泽 윤기 흐르는
liú lù guāng zé

샘플을 무료로 드립니다.

免费给小样。 미엔페이 게이 샤오양
Miǎn fèi gěi xiǎo yàng

우리가게는 세일을 하지 않습니다.

我们店不打折。 워먼띠엔 부 따저
Wǒ men diàn bù dǎ zhé

부하오 이쓰, 커이 게이워 칸이샤 나거마
不好意思，可以给我看一下那个吗？
Bù hǎo yì si, kě yǐ gěi wǒ kàn yí xià nà gè ma

실례지만, 저것을 보여 주십시오.

닌 스 슈오 쩌거 란코우 커우훙마
您是说这个兰蔻口红吗？
이 랑콤 립스틱말입니까?
Nín shì shuō zhè gè lán kòu kǒu hóng ma

스더
是的。
그렇습니다.
Shì de

짜이 쩌리
在这里。
자, 여기 있습니다.
Zài zhè lǐ

커이 스투 이샤마
可以试涂一下吗？
조금 발라 봐도 괜찮습니까?
Kě yǐ shì tú yí xià ma

쩐뚜이부치, 쩌거 요우띠엔(쿤난)
真对不起，这个有点(困难)。
Zhēn duì bù qǐ, zhè gè yǒu diǎn(kùn nán)

정말 죄송합니다만, 그건 좀 (곤란합니다).

스마? 쩐이한
是吗？真遗憾。
Shì ma? zhēn yí hàn
그렇습니까? 유감이군요.

뚜짜이 쭈이춘 샹더 옌써 찌우 스 닌 칸 따오더옌써
涂在嘴唇上的颜色就是您看到的颜色。
Tú zài zuǐ chún shàng de yán sè jiù shì nín kàn dào de yán sè
입술에 바르면 나타나는 색깔은 지금 보이는 색깔과 같습니다.

부타이 씨환 션써
不太喜欢深色。
Bú tài xǐ huān shēn sè
짙은 색은 별로라서요.

쩌 스 쩌거 찌뚜더 리우씽써
这是这个季度的流行色。
Zhè shì zhè gè jì dù de liú xíng sè
이것은 이번 시즌의 유행 색입니다.

스마? 나머 게이워 이거바
是吗？那么给我一个吧。
Shì ma? nà me gěi wǒ yí gè ba
그렇습니까? 그럼, 이것을 하나 주십시오.

워 쯔 따오러
我知道了。
Wǒ zhī dào le
알겠습니다.

환잉광린
欢迎光临。
Huān yíng guāng lín

어서오십시오.

워 샹 마이 옌잉
我想买眼影。
Wǒ xiǎng mǎi yǎn yǐng

아이섀도를 사고 싶은데요.

옌잉 짜이 쩌삐엔
眼影在这边。
Yǎn yǐng zài zhè biān

아이섀도는 이쪽에 있습니다.

워 쮀에더 쩌 후이써더 팅하오더
我觉得这灰色的挺好的。
Wǒ jué dé zhè huī sè de tǐng hǎo de

저, 회색이 좋겠습니다만.

나머 쩌거 쩐머양? 요우 슈앙써 쭈청
那么这个怎么样? 由双色组成。
Nà me zhè gè zěn me yàng? yǒu shuāng sè zǔ chéng

그럼, 이것은 어떻습니까? 2색으로 구성됐습니다만.

응, 쩐 하오칸
嗯，真好看。
Eng, zhēn hǎo kàn

아, 예쁘군요.

씨엔 투션써 짜이투딴써 하오칸
先涂深色再涂淡色好看。
Xiān tú shēn sè zài tú dàn sè hǎo kàn
먼저, 짙은 색을 바른 후에, 엷은 색을 덧칠하면 예쁩니다.

스마
是吗？
Shì ma
그렇습니까?

허쩌거 코우홍 스 이타오더
和这个口红是一套的。
Hé zhè gè kǒu hóng shì yí tào de
이 립스틱과 세트입니다만.

타오쭈앙 뚜오샤오치엔
套装多少钱？
Tào zhuāng duō shǎo qián
세트에 얼마입니까?

이완 량치엔 한웬
12,000韩元。
Yí wàn liǎng qiān hán yuán
12,000원입니다.

나양더화 야오 마이 타오쭈앙러
那样的话要买套装了。
Nà yàng de huà yào mǎi tào zhuāng le
그러면, 세트로 사겠습니다.

환잉광린
欢迎光临。
Huān yíng guāng lín

어서오십시오.

워 샹마이 리우
我想买礼物。
Wǒ xiǎng mǎi lǐ wù

저, 선물을 찾고 있습니다만.

위쑤안 스 뚜오샤오너
预算是多少呢?
Yù suàn shì duō shǎo ne

예산은 얼마정도입니까?

량완 한웬 쭈오요우
2万韩元左右。
Liǎng wàn hán yuán zuǒ yòu

2만원 정도입니다.

나머 쩌거 화쭈앙슈이 쩐머양
那么这个化装水怎么样?
Nà me zhè gè huà zhuāng shuǐ zěn me yàng

그럼, 이 화장수는 어떻습니까?

나거 커이
那个可以。
Nà gè kě yǐ

그게 괜찮군요.

쩌거 쑤오샤오 마오콩, 이쯔피찌
这个缩小毛孔，抑制皮脂。
Zhè gè suō xiǎo máo kǒng, yì zhì pí zhǐ
이것은 모공을 꽉 조여서, 피지를 억제합니다.

오, 스 마
哦，是吗？
Ò, shì ma
아, 그렇습니까?

짜이 니엔칭런 리미엔 스 쭈이 요우 런치더 샹핀
在年轻人里面是最有人气的商品。
Zài nián qīng rén lǐ miàn shì zuì yǒu rén qì de shāng pǐn
젊은이들에게 대인기 상품입니다.

커이 스 투 이띠엔마
可以试涂一点吗？
Kě yǐ shì tú yì diǎn ma
조금 발라봐도 괜찮습니까?

유우 양핀, 칭 스 투 쩌거
有样品，请试涂这个。
Yǒu yàng pǐn, qǐng shì tú zhè gè
견본이 있으니까, 이것을 바르십시오.

워 쯔 따오러
我知道了。
Wǒ zhī dào le
알겠습니다.

인원수에 따라 식당이 결정된다

우리나라나 일본에 비해 중국은 큰 요리로 여러 명이 식사를 하는 문화가 있다. 그래서 서너명씩 식당에 가서 큰 접시에 나오는 서너 가지 요리를 시키고 함께 나눠 먹는다.

외국인이 중국문화에 익숙하지 않다보면 요리의 양을 대중하기 힘들어 너무 조금 시키거나 너무 많이 시켜 남기는 경우가 많다.

손님들에게 요리의 양이나 몇 명이 먹는다는 이야기를 해주면 메뉴를 선택하는데 큰 도움이 된다.

함께 나오는 반찬의 경우, 중국은 무료 리필이 없다. 그래서 보통 추가비용을 생각하고 반찬을 다 먹고도 더 부탁하지 않는다. 반찬은 계속 리필이 된다는 것을 알려주면 좋아할 것이다.

메뉴판을 중국어로 깔끔하게 만들자

요식업은 서비스업이다. 맛도 중요하지만 편안한 분위기에서 먹고 싶은 것을 마음껏 고를 수 있는 분위기가 다시 한 번 그 가게를 찾게 하곤 한다. 과거 중국의 메뉴판은 대부분 중국어로만 쓰여 있었다. 우리 나라 메뉴판도 많이 개선되어 외국사람이 많이 방문하는 곳은 영어나 일어, 중국어로 쓰여있어 손님들이 선택하기 편리하게 되어 있다.

서울시에서도 메뉴판 배포사업을 벌리기도 할만큼 메뉴판은 그 음식점의 얼굴이라 할만큼 중요하다. 서비스와 정성을 나타내는 일로 한번 중국어 메뉴판을 만들어 보길!

손님 중국인은 이렇게 말한다

1. **不好意思, 有位置吗?** 부 하오 이쓰, 요우 웨이쯔마
   Bù hǎo yì si, yǒu wèi zhi ma
   실례지만, 자리 있습니까?

2. **没有预约。** 메이요우 유위에
   Méi yǒu yù yuē
   예약은 하지 않았습니다만.

3. **窗户那边有位置吗?** 추앙 후 나삐엔 요우 웨이쯔마
   Chuāng hu nà biān yǒu wèi zhi ma
   창가 쪽 자리가 있습니까?

4. **一会儿再来两个人。** 이휘얼 짜이라이 량거런
   Yì huì er zài lái liǎng gè rén
   나중에 두 사람 더 올겁니다.

5. **今天的推荐菜单是什么?** 찐티엔더 투이찌엔 차이단 스 셔머
   Jīn tiān de tuī jiàn cài dān shì shén me
   오늘의 추천요리는 무엇입니까?

6. **请给我菜单。** 칭 게이워 차이단
   Qǐng gěi wǒ cài dān
   메뉴를 주십시오.

7. **可以先给我凉水吗?** 커이 씨엔 게이워 량수이마
   Kě yǐ xiān gěi wǒ liáng shuǐ ma
   우선, 냉수를 주시겠습니까?

8. **这个, 请给我两人份。** 쩌거, 칭 게이워 량런펀
   Zhè gè, qǐng gěi wǒ liǎng rén fèn
   이것을 2인분 주십시오.

9. **请给我带样品的。** 칭 게이워 따이 양핀더
Qǐng gěi wǒ dài yàng pǐn de
견본에 나와 있는 것을 주십시오.

10. **这个菜辣吗？** 쩌거 차이 라마
Zhè gè cài là ma
이 요리는 맵습니까?

11. **这个好像很好吃啊。** 쩌거 하오샹 헌 하오츠 아
Zhè gè hǎo xiàng hěn hǎo chī a
이것이 맛있을 것 같군요.

12. **请一起给我饮料。** 칭 이치 게이워 인랴오
Qǐng yì qǐ gěi wǒ yǐn liào
쥬스도 함께 주십시오.

13. **对不起，料理还没有做好。**
뚜이부치, 랴오리 하이 메이요우 쭈오하오
Duì bù qǐ, liào lǐ hái méi yǒu zuò hǎo
죄송합니다. 아직 요리가 다 안됐습니다.

14. **沙拉也一起出来吗？** 샤라 예 이치 추라이마
Shā lā yě yì qǐ chū lái ma
샐러드도 함께 나옵니까?

15. **请不要放洋葱。** 칭 부야오 팡 양총
Qǐng bú yào fàng yáng cōng
양파는 빼 주십시오.

1. **请结算。** 칭 찌에쑤안
Qǐng jié suàn
계산해 주십시오.

2. **多少钱?** 뚜오샤오치엔
Duō shǎo qián
얼마입니까?

3. **吃好了。** 츠 하오러
Chī hǎo le
잘 먹었습니다.

4. **非常好吃。** 페이창 하오 츠
Fēi cháng hǎo chī
아주 맛있었습니다.

5. **一人份多少钱?** 이런 펀 뚜오샤오치엔
Yì rén fèn duō shǎo qián
1인분에 얼마입니까?

6. **可以用卡吗?** 커이 용 카마
Kě yǐ yòng kǎ ma
카드도 됩니까?

　→ **可以，一万韩元。** 커이, 이완 한웬
Kě yǐ, yí wàn hán yuán
예, 만원입니다.

7. **请给我发票。** 칭 게이워 파퍄오
Qǐng gěi wǒ fā piào
영수증을 주십시오.

8. **吃的非常好，再见。** 츠더 페이창 하오, 짜이찌엔
Chī de fēi cháng hǎo, zài jiàn
잘 먹었습니다. 안녕히 계십시오.

예약은 하셨습니까?

您预约了吗？　닌 유위에러마
Nín yù yuē le ma

몇 분이십니까?

几位？　찌웨이
Jǐ wèi

几人　몇 사람　两人　2사람
jǐ rén　　　　liǎng rén

이쪽으로 오십시오.

这边请。　쩌 삐엔 칭
Zhè biān qǐng

금연석이 괜찮으십니까?

禁烟席可以吗？　찐옌쓰 커이마
Jìn yān xí kě yǐ ma

메뉴를 보십시오.

请看菜单。　칭 칸 차이딴
Qǐng kàn cài dān

주문하십시오.

请点餐。　칭 띠엔 찬
Qǐng diǎn cān

이것은 어떻습니까?

这个怎么样？ 쩌거 쩐머양
Zhè gè zěn me yàng

이것이 오늘의 **추천요리**입니다만.

这个是今天的推荐料理。 쩌거 스 찐티엔더 투이찌엔 랴오리
Zhè gè shì jīn tiān de tuī jiàn liào lǐ

바꿔말하기

甜点 디저트 찬 음료나 과일
tián diǎn

沙拉 샐러드
shā lā

주문을 다시 한번 확인하겠습니다.

再确认一下您的菜单。 짜이 최런 이샤 닌더 차이딴
Zài què rèn yí xià nín de cài dān

음료수는?(어떻게 하시겠습니까?)

饮料呢?(打算怎么办?) 인랴오너? (따 쑤안 쩐머빤)
Yǐn liào ne?(dǎ suàn zěn me bàn?)

바꿔말하기

特别料理 특별요리
tè bié liào lǐ

今日料理 일별요리
jīn rì liào lǐ

콜라, 커피, 쥬스가 있습니다.

有可乐、咖啡、果汁。 요우 커러, 카페이, 궈쯔
Yǒu kě lè, kā fēi, guǒ zhī

잠시만 기다려 주십시오. 곧 가져오겠습니다.

请稍等片刻。马上就拿来。
칭 샤오덩 피엔커. 마샹찌우 나라이
Qǐng shāo děng piàn kè. mǎ shàng jiù ná lái

많이 드십시오.

请多吃点。 칭 뚜오츠 띠엔
Qǐng duō chī diǎn

조금 더 드시겠습니까?

还要吃一点吗? 하이야오츠 이띠엔마
Hái yào chī yī diǎn ma

조금 맵게 드시면, 더 맛있습니다.

如果再辣一点的话，会更好吃的。
루궈 짜이 라이띠엔 더화, 후이 껑 하오츠더
Rú guǒ zài là yì diǎn de huà, huì gēng hǎo chī de

오늘은 김치가 신선합니다.

今天的泡菜很新鲜。 찐티엔더 파오차이 헌 씬씨엔
Jīn tiān de pào cài hěn xīn xiān

반찬을 조금 더 드릴까요?

再多给您点儿小菜吗? 짜이뚜오게이닌 띠엔 샤오차이마
Zài duō gěi nín diǎn er xiǎo cài ma

(바꿔말하기)

水 물 | **汤** 국
shuǐ | tāng

음료는 우리가게의 서비스입니다.

饮料是我们店的赠品。 인랴오 스 워먼띠엔더 쩡핀
Yǐn liào shì wǒ men diàn de zèng pǐn

(바꿔말하기)

冰淇淋 아이스크림 | **水果** 과일
bīng qí lín | shuǐ guǒ

우리가게는 선불입니다.

我们店要先付款。 워먼띠엔 야오 씨엔푸콴
Wǒ men diàn yào xiān fù kuǎn

카운터는 저쪽에 있습니다.

柜台在那边。 꾸이타이 짜이 나삐엔
Guì tái zài nà biān

▶ 바꿔말하기

卫生间 화장실 ┊ **公用电话** 공중전화
wèi shēng jiān ┊ gōng yòng diàn huà

손님 한 분당 5천원입니다.

每位顾客5千韩元。 메이웨이 꾸커 우치엔 한웬
Měi wèi gù kè wǔ qiān hán yuán

2인분이니까 20,000원입니다.

2人份20,000韩元。 량런펀 량완 한웬
Liǎng rén fèn liǎng wàn hán yuán

봉사료 포함입니다.

包括服务费。 빠오쿼 푸우페이
Bāo kuò fú wù fèi

▶ 바꿔말하기

包括税金 세금 포함
bāo kuò shuì jīn

영수증입니다. 받으십시오.

这是发票，请收好。 쩌 스 파퍄오, 칭 쇼우하오
Zhè shì fā piào, qǐng shōu hǎo

▶ 바꿔말하기

零钱 거스름돈
líng qián

환잉광린
欢迎光临。
Huān yíng guāng lín

어서오십시오.

량런, 요우 웨이쯔마
两人，有位置吗？
Liǎng rén, yǒu wèi zhi ma

2명입니다만, 자리 있습니까?

요우, 쩌삐엔칭
有，这边请。
Yǒu, zhè biān qǐng

네, 이쪽으로 오십시오.

칭 게이워 칸이샤 차이딴
请给我看一下菜单。
Qǐng gěi wǒ kàn yí xià cài dān

메뉴를 보여 주십시오.

하오더, 짜이쩌리
好的，在这里。
Hǎo de, zài zhè lǐ

네, 여기 있습니다.

츠 션머 하오너
吃什么好呢？
Chī shén me hǎo ne

무엇을 먹으면 좋을까요?

워먼 띠엔더 렁미엔 스 쭈안예더, 헌 하오츠
我们店的冷面是专业的，很好吃。
Wǒ men diàn de lěng miàn shì zhuān yè de, hěn hǎo chī
우리 집은 냉면이 전문으로, 맛있습니다.

나머, 라이 량런펀
那么，来两人份。
Nà me, lái liǎng rén fèn
그럼, 그것 2인분 주십시요.

하오더, 칭 샤오덩 피엔커
好的，请稍等片刻。
Hǎo de, qǐng shāo děng piàn kè
네, 잠시만 기다리십시요.

뚜이부치, 커이 씨엔 나씨에 량슈이 라이마
对不起，可以先拿些凉水来吗？
Duì bù qǐ, kě yǐ xiān ná xiē liáng shuǐ lái ma
죄송합니다만, 찬물을 먼저 주시겠습니까?

하오더, 마상 찌우 나라이
好的，马上就拿来。
Hǎo de, mǎ shàng jiù ná lái
알겠습니다. 곧 가져오겠습니다.

씨에씨에
谢谢。
Xiè xiè
감사합니다.

139

환잉광린, 칭 웬 요우유 위에마

欢迎光临，请问有预约吗？

Huān yíng guāng lín, qǐng wèn yǒu yù yuē ma

어서 오십시오, 예약하셨습니까?

스더, 용 리씨엔셩더 밍즈 유위에러 스웨이

是的，用李先生的名字预约了4位。

Shì de, yòng lǐ xiān shēng de míng zi yù yuē lē sì wèi

네, 이선생이라는 이름으로 4명 예약했습니다.

하오더, 리씨엔셩, 쩌삐엔칭

好的，李先生，这边请。

Hǎo de, lǐ xiān shēng, zhè biān qǐng

네, 이선생님, 이쪽으로 오십시오.

하오더, 씨에씨에

好的，谢谢。

네, 감사합니다.

Hǎo de, xiè xiè

쩌띠팡 스 쯔쭈찬, 칭 수이비엔츠

这地方是自助餐请随便吃。

Zhè dì fāng shì zì zhù cān, qǐng suí biàn chī

이곳은 뷔페식이므로, 마음껏 드십시오.

인랴오 예 스 미엔페이더마

饮料也是免费的吗？

음료수도 무료입니까?

Yǐn liào yě shì miǎn fèi de ma

부스 , 인랴오 스 푸페이더
不是，饮料是付费的。
Bú shì, yǐn liào shì fù fèi de

아니오, 음료는 유료입니다.

나머 량뻬이 커러, 량뻬이피찌우
那么两杯可乐，两杯啤酒。
Nà me liǎng bēi kě lè, liǎng bēi pí jiǔ

그럼, 콜라 둘, 맥주 2잔 주십시오.

쯔 따오러
知道了。
Zhī dào le

알겠습니다.

응, 헌 하오더 웨이따오
嗯，很好的味道。
Eng, hěn hǎo de wèi dào

훙, 좋은 냄새가 나는군요.

나머, 칭뚜오 허씨에
那么请多喝些。
Nà me qǐng duō hē xiē

그럼, 많이 드십시오.

씨에씨에
谢谢。
Xiè xiè

감사합니다.

환잉광린, 칭웬 찌웨이
欢迎光临，请问几位？　　　어서 오십시오, 몇 분이십니까?
Huān yíng guāng lín, qǐng wèn jǐ wèi

빠밍
8名。　　　8명입니다.
Bā míng

나머 커이 샤오덩 피엔커마
那么可以稍等片刻吗？　　　그럼, 조금 기다려 주시겠습니까?
Nà me kě yǐ shāo děng piàn kè ma

야오덩 뚜오 찌우
要等多久？　　　얼마나 기다려야 합니까?
Yào děng duō jiǔ

스펀 쫑쭈오요우
十分钟左右。　　　10분 정도 입니다.
Shí fēn zhōng zuǒ yòu

워 쯔 따오러
我知道了。　　　알겠습니다.
Wǒ zhī dào le

꾸커더 밍쯔 스
顾客的名字是？
Gù kè de míng zi shì

손님 이름은?

찐씨엔셩
金先生。
Jīn xiān shēng

김선생입니다.

나머, 칭 쭈오샤 샤오덩 피엔커
那么请坐下稍等片刻。
Nà me qǐng zuò xià shāo děng piàn kè

그럼, 앉아서 기다려 주십시오.

찐씨엔셩, 찌우덩러. 쩌삐엔칭
金先生，久等了。这边请。
Jīn xiān shēng, jiǔ děng le. zhè biān qǐng

김선생님, 오래 기다리셨습니다. 이쪽으로 오십시오.

하오더
好的。
Hǎo de

네.

웨이

喂。
Wéi

여보세요.

라이 러

来了。
Lái le

네.

칭 샹티엔띠엔

请上甜点。
Qǐng shàng tián diǎn

디저트를 주십시오.

하오더, 티엔띠엔 요우 커러 허 카페이

好的，甜点有可乐和咖啡。
Hǎo de, tián diǎn yǒu kě lè hé kā fēi

네, 디저트는 콜라와 커피입니다만.

나머 샹 카페이빠

那么上咖啡吧。
Nà me shàng kā fēi ba

그럼, 커피로 주십시오.

쯔 따오러

知道了。
Zhī dào le

알겠습니다.

칭 찌에쑤안

请结算。
Qǐng jié suàn

계산해 주십시오.

하오더, 산완 우치엔 한웬

好的，3万5千韩元。
Hǎo de, sān wàn wǔ qiān hán yuán

네, 3만 5천원입니다.

쩌리 요우 스완 한웬

这里有4万韩元。
Zhè lǐ yǒu sì wàn hán yuán

여기 4만원입니다.

하오더, 쩌 스 파퍄오 허 우치엔 한웬 링치엔. 칭 나하오

好的，这是发票和5千韩元零钱。请拿好。
Hǎo de, zhè shì fā piào hé wǔ qiān hán yuán líng qián.
Qǐng ná hǎo

네, 영수증과 거스름돈 5천원입니다. 받으세요.

찬인 헌 하오츠

餐饮很好吃。
Cān yǐn hěn hǎo chī

잘 먹었습니다.

씨에씨에. 칭 짜이츠 광린

谢谢。请再次光临。
Xiè xiè. qǐng zài cì guāng lín

감사합니다. 또 들러 주십시오.

우리나라에 있는 패스트푸드점은 다 있다

우리 나라에도 들어와 있는 패스트푸드점은 거의 다 중국에 있다. 맥도날드 麦当劳 , KFC 肯德基, 버거킹 汉堡王 등 영어표기보다는 이름을 중국어로 만들어 부른다. 외국사람들이 중국에 단기로 관광을 가면 잘 모르는 중국음식보다는 입맛에 맞는 패스트푸드점을 즐겨 찾는다. 내부인테리어도 비슷하기 때문에 편안한 듯!

중국의 일반적인 식사를 패스트푸드로 만들어 판매하는 식당도 늘고 있다. 직장인과 젊은층을 중심으로 간단히 먹을 수 있는 점심을 선호하기 때문에 앞으로 패스트푸드 산업은 중국에서 크게 성장할 것으로 보인다.

동양음식에 익숙한 중국사람들

중국에도 예쁘고 고급스러운 카페가 많다. 레스토랑, 카페와 같은 분위기 있는 곳에서는 스테이크나 정식 등을 와인과 함께 먹으며, 데이트를 하곤 한다. 맛있는 집은 항상 문 앞에 줄을 지어 서 있는 행렬을 볼 수 있는데, 이것에서도 맛있는 집을 찾아다니는 중국인들의 습성을 볼 수 있다.

그러나 서양음식보다는 한식이나 일식에 관심이 많다. 회 같은 날것을 잘 먹지 않고 일식집은 가격대가 높기 때문에 한식을 선호하는 편이다. 조선족의 식당이 많고 숯불에 고기를 굽는 한국적인 요리문화가 많이 보급되어 있다.

1. **请给我这套。**　칭 게이워 쩌타오
Qǐng gěi wǒ zhè tào
이 세트 주세요.

2. **请给我一个鸡肉汉堡。**　칭 게이워 이거 찌로우한빠오
Qǐng gěi wǒ yí gè jī ròu hàn bǎo
치킨버거 하나 주세요.

3. **也请给我可乐。**　예칭게이워 커러
Yě qǐng gěi wǒ kě lè
콜라도 주세요.

4. **要带走。**　야오따이쪼우
Yào dài zǒu
가지고 갈겁니다.

5. **要在这里吃。**　야오짜이 쩌리츠
Yào zài zhè lǐ chī
여기서 먹을겁니다.

6. **请给我一分套餐。**　칭 게이워 이펀 타오찬
Qǐng gěi wǒ yí fèn tào cān
정식을 주십시오.

7. **给我面包。**　게이워 미엔빠오
Gěi wǒ miàn bāo
빵으로 하겠습니다.

148

8. **请给我半生半熟的。** 칭 게이워 빤셩 빤슈더
Qǐng gěi wǒ bàn shēng bàn shú de
중간으로 익혀 주십시오.

9. **给我奶油稀汤。** 게이워 나이요우 씨탕
Gěi wǒ nǎi yóu xī tāng
크림 스프로 하겠습니다.

149

주문을 하십시오.

请点餐。 칭 띠엔찬
Qǐng diǎn cān

치킨버거세트시죠?

是鸡肉汉堡套餐吧? ㅅ 찌로우한빠오 타오차빠
Shì jī ròu hàn bǎo tào cān ba

바꿔말하기

奶酪汉堡 치즈버거 | 米汉堡 라이스버거
nǎi lào hàn bǎo | mǐ hàn bǎo

세트가 더 쌉니다.

套餐更便宜。 타오찬 껑 피엔이
Tào cān gèng pián yì

커피도 있습니다.

也有咖啡。 예요우 카페이
Yě yǒu kā fēi

바꿔말하기

红茶 홍차 | 牛奶 우유
hóng chá | niú nǎi

전부 3,500원입니다.

全部3,500韩元。 추엔뿌 산치엔우빠이 한웬
Quán bù sān qiān wǔ bǎi hán yuán

이외에 주문할 것은 없습니까?

除了这些没有要点的了吗?
추러 쩌씨에 메이요우 야오 띠엔더러마
Chú le zhè xiē méi yǒu yào diǎn de le ma

150

무엇으로 하시겠습니까?

请问您点什么？ 칭웬 닌 띠엔 션머
Qǐng wèn nín diǎn shén me

정식은 어떻습니까?

套餐怎么样？ 타오찬 쩐머양
Tào cān zěn me yàng

(바꿔말하기)
牛排 스테이크
niú pái

土耳其式肉饭 김치 필라프
tú ěr qí shì ròu fàn

빵과 밥 중, 어느 것으로 하시겠습니까?

请问您是吃面包还是吃饭？
칭웬 닌스 츠 미엔 빠오 하이스 츠판
Qǐng wèn nín shì chī miàn bāo hái shì chī fàn

드레싱은 어떤 것으로 할까요?

用哪种酱？ 용 나 쫑 찌앙
Yòng nǎ zhǒng jiàng

(바꿔말하기)
汤 스프 红酒 와인
tāng   hóng jiǔ

이것은 와인목록입니다. 보십시오.

这是红酒目录，请看。 쩌 스 홍찌우 무루, 칭 칸
Zhè shì hóng jiǔ mù lù, qǐng kàn

맛있게 드십시오.

请慢用。 칭 만용
Qǐng màn yòng

환잉광린, 칭 띠엔찬

欢迎光临，请点餐。
Huān yíng guāng lín, qǐng diǎn cān

어서 오십시오, 주문하십시오.

칭게이 워 이거 나이라오한빠오 허 이뻬이 커러

请给我一个奶酪汉堡和一杯可乐。
Qǐng gěi wǒ yí gè nǎi lào hàn bǎo hé yì bēi kě lè

치즈버거 하나와 콜라 하나 주십시오.

하오더, 이거 나이라오한빠오, 이뻬이 커러, 뚜이빠

好的，一个奶酪汉堡，一杯可乐，对吧？
Hǎo de, yí gè nǎi lào hàn bǎo, yì bēi kě lè, duì ba

네, 치즈버거 하나와 콜라 하나시죠?

스더

是的。
Shì de

네.

이꿍 빠치엔 웬

一共8,000元。
Yí gòng bā qiān yuán

전부 8,000원입니다.

응, 예 칭 게이워 슈티아오

嗯，也请给我薯条。
Eng, yě qǐng gěi wǒ shǔ tiáo

아, 포테이토도 주십시오.

나머 나이라오 한빠오타오찬 껑 피엔이씨에
那么奶酪汉堡套餐更便宜些。
Nà me nǎi lào hàn bǎo tào cān gèng pián yì xiē

그럼, 치즈버거 세트로 하시는 편이 더 쌉니다만.

나머 게이워 나거빠
那么给我那个吧。
Nà me gěi wǒ nà ge ba

그럼, 그것으로 하겠습니다.

추러 쩌거 이와이너 (메이요우러마)?
除了这个以外呢(没有了吗)？
Chú le zhè gè yǐ wài ne(méi yǒu le ma)?

이 외에 필요하신 것은 (없습니까)?

메이요우러
没有了。
Méi yǒu le

없습니다.

추엔뿌 찌우치엔 웬
全部9,000元。
Quán bù jiǔ qiān yuán

전부 9,000원입니다.

쩌리 요우 찌우치엔 웬
这里有9,000元。
Zhè lǐ yǒu jiǔ qiān yuán

여기 9,000원 있습니다.

니하오, 쩌리 스 씨얼뚠 찌우띠엔
你好，这里是希尔顿酒店。
Nǐ hǎo, zhè lǐ shì xī ěr dùn jiǔ diàn

네, 힐튼 레스토랑입니다.

워 커이 유위에마
我可以预约吗？
Wǒ kě yǐ yù yuē ma

저, 예약할 수 있습니까?

션머 스호우
什么时候？
Shén me shí hou

언제입니까?

밍티엔 완샹
明天晚上。
Míng tiān wǎn shàng

내일 저녁입니다만.

뚜이부치, 밍티엔 만씨러
对不起，明天满席了。
Duì bù qǐ, míng tiān mǎn xí le

죄송하지만, 내일은 만석입니다.

쩌양쯔아, 워 쯔 따오러
这样子啊，我知道了。
Zhè yàng zi a, wǒ zhī dào le

그렇습니까, 알겠습니다.

니하오, 홍씽 판띠엔
你好，红星饭店。
Nǐ hǎo, hóng xīng fàn diàn

네, 홍성 레스토랑입니다.

커이 유위에 찐완더 씨웨이마
可以预约今晚的席位吗？
Kě yǐ yù yuē jīn wǎn de xí wèi ma

오늘 저녁 예약 가능합니까?

커이, 칭웬 찌웨이
可以，请问几位？
Kě yǐ, qǐng wèn jǐ wèi

네, 몇 분이십니까?

스밍, 밍쯔스 한삥. 치띠엔
4名，名字是韩冰。7点。
Sì míng, míng zi shì hán bīng. qī diǎn

4명이고, 이름은 한빙입니다. 7시로 부탁합니다.

찐티엔 샤우치띠엔, 뚜이빠? 워 쯔 따오러
今天下午7点，对吧？我知道了。
Jīn tiān xià wǔ qī diǎn, duì ba? wǒ zhī dào le

오늘 오후, 7시죠? 알겠습니다.

환잉광린

欢迎光临。
Huān yíng guāng lín

어서 들어오십시오.

샹쭈오 짜이 추앙후나삐엔

想坐在窗户那边。
Xiǎng zuò zài chuāng hù nà biān

창가 쪽을 부탁합니다.

하오더, 쩌삐엔칭

好的，这边请。
Hǎo de, zhè biān qǐng

네, 이쪽으로 오십시오.

쩌쨔판띠엔더 투이찌엔차이딴 스 션머

这家饭店的推荐菜单是什么？
Zhè jiā fàn diàn de tuī jiàn cài dān shì shén me

이 레스토랑의 추천요리는 무엇입니까?

스 쩌거. 피엔이하이하오츠

是这个。便宜还好吃。
Shì zhè gè. pián yì hái hǎo chī

이것입니다. 싸고 맛있습니다.

나머, 쩌거 게이워 량런펀

那么，这个给我2人份。
Nà me, zhè gè gěi wǒ liǎng rén fèn

그럼, 그것으로 2인분 주십시오.

허더너
喝的呢?
Hē de ne

마실것은?

칭 게이워 홍찌우
请给我红酒。
Qǐng gěi wǒ hóng jiǔ

와인을 주십시오.

티엔띠엔 요우 삥치린 허 슈이꿔
甜点有冰淇淋和水果。
Tián diǎn yǒu bīng qí lín hé shuǐ guǒ

디저트는 아이스크림과 과일입니다만.

칭 게이워 삥치린
请给我冰淇淋。
Qǐng gěi wǒ bīng qí lín

아이스크림을 주십시오.

하오더, 마샹찌우샹, 칭 샤오덩피엔커
好的，马上就上，请稍等片刻。
Hǎo de, mǎ shàng jiù shàng, qǐng shāo děng piàn kè

네, 곧 가져오겠으니, 잠시만 기다려 주십시오.

추가로 시킬 반찬은 없다

중국음식의 특징은 요리를 만들어 먹는다는 것이다. 우리나라나 일본같이 밥과 국이 있고 여러가지 반찬이 나오는 구조가 아니다.

보통 요리가 여럿 나와 요기가 되면 주식이라고 해서 밥이나 국수를 먹는다. 만약 밥을 먹게되면 탕이 함께 나오게 된다. 중국음식을 먹을때는 서양의 코스요리를 먹는 듯한 느낌이 들기도 한다.

그렇기 때문에 보통 반찬이 없어 추가시킬 수도 없다. 중국인들의 습관상 보통 반찬도 추가로 시키면 돈을 따로 내야 하는 것으로 알기 때문에 우리나라 음식점에서는 무료라는 것을 알려 주면 좋아한다.

우리나라 김치는 최고!

중국인들은 일반적인 배추김치에 익숙하다. 그리고 일부는 매운맛에 익숙하지 않기 때문에 김치를 꺼리고, 우리 나라에서 진짜 김치를 먹으면 맵다고 생각한다. 하지만 진짜 김치를 좋아하는 중국인은 맵다고 하면서도 일부러 우리 나라 김치를 먹는다. 그만큼 맛이 있으니까!

여행을 마치고 돌아가면서 선물용으로 많이 사가는 것 중의 하나가 포장되어 있는 김치이다. 중국과 한국의 김치는 맛이 틀리기 때문이다.

또한 배추김치만 있다고 생각하는 중국인이 많은데, 우리 나라의 여러 가지 김치를 소개해 주면 아주 좋아한다.

1. **有空席吗?** 요우 콩씨마
Yǒu kòng xí ma
빈 좌석 있습니까?

2. **想吃韩国的传统料理。** 샹 츠 한꿔더 추안퉁 랴오리
Xiǎng chī hán guó de chuán tǒng liào lǐ
한국의 전통요리가 먹고 싶습니다만.

3. **没有汉语菜单吗?** 메이요우 한위 차이딴마
Méi yǒu hàn yǔ cài dān ma
중국어 메뉴판은 없습니까?

4. **请给我看一下菜单。** 칭 게이워 칸이샤 차이딴
Qǐng gěi wǒ kàn yí xià cài dān
메뉴를 보여 주십시오.

5. **这是什么?** 쩌 스 션머
Zhè shì shén me
이것은 무엇입니까?

6. **什么最好吃?** 션머 쭈이 하오츠
Shén me zuì hǎo chī
무엇이 가장 맛있습니까?

7. **请给我烤肉。** 칭 게이워 카오로우
Qǐng gěi wǒ kǎo ròu
불고기 주십시오.

8. **请给我这个。** 칭 게이워 쩌거
Qǐng gěi wǒ zhè gè
이것을 주십시오.

160

1. **请给我2人份。** 칭 게이워 량런펀
Qǐng gěi wǒ liǎng rén fèn
2인분 주십시오.

2. **请给我水。** 칭 게이워 슈이
Qǐng gěi wǒ shuǐ
물을 주십시오.

3. **会汉语吗?** 후이 한위마
Huì hàn yǔ ma
중국어 할 수 있습니까?

4. **请给我不太辣的。** 칭 게이워 부타이라더
Qǐng gěi wǒ bú tài là de
너무 맵지 않게 해 주십시오.

5. **这个味淡。** 쩌거 웨이딴
Zhè gè wèi dàn
이것은 싱겁습니다.

6. **非常好吃啊!** 페이창 하오 츠아
Fēi cháng hǎo chī a
아주 맛있군요.

7. **可以再多给我一些这个吗?**
커이 짜이 뚜오 게이워 이씨에 쩌거마
Kě yǐ zài duō gěi wǒ yì xiē zhè gè ma
이것을 더 주시겠습니까?

1. **喂，再给我一些泡菜。** 웨이, 짜이게이워 이씨에 파오차이
   Wèi, zài gěi wǒ yì xiē pào cài
   여보세요, 김치 주십시오.

2. **这是什么泡菜？** 쩌 스 션머 파오차이
   Zhè shì shén me pào cài
   이것은 무슨 김시입니까?

3. **泡菜很辣。** 파오차이 헌 라
   Pào cài hěn là
   김치는 너무 맵습니다.

4. **想吃泡菜。** 샹 츠 파오차이
   Xiǎng chī pào cài
   김치를 먹고 싶습니다.

5. **可以再多给我一碗这个泡菜吗？**
   커이 짜이 뚜오 게이워 이완 쩌거 파오차이마
   Kě yǐ zài duō gěi wǒ yì wǎn zhè gè pào cài ma
   이 김치 한 그릇 더 줄 수 있습니까?

6. **泡菜很好吃啊!** 파오차이 헌 하오츠아
   Pào cài hěn hǎo chī a
   김치가 맛있군요.

7. **有不辣的泡菜吗？** 요우 부 라더 파오차이 마
   Yǒu bú là de pào cài ma
   맵지 않은 김치 있습니까?

무엇을 드시겠습니까?

请问您吃什么？　칭웬 닌 츠 션머
Qǐng wèn nín chī shén me

가장 맛있는 것은 무엇입니까?

最好吃的是什么？　쭈이 하오츠더 스 션머
Zuì hǎo chī de shì shén me

➡ **불고기**가 맛있습니다.

烤肉好吃。　카오로우 하오츠
Kǎo ròu hǎo chī

（바꿔말하기）

韩定食 한정식
hán dìng shí

参鸡汤 삼계탕
shēn jī tāng

石锅拌饭 돌솥비비밥
shí guō bàn fàn

갈비탕은 어떻습니까?

排骨汤怎么样？　파이구탕 쩐머양
Pái gǔ tāng zěn me yàng

이것은 **파전**이라고 합니다.

这个叫葱煎饼。　쩌거 쨔오 충찌엔삥
Zhè gè jiào cōng jiān bǐng

（바꿔말하기）

排骨 갈비　**烤鳗鱼** 장어구이
pái gǔ　kǎo màn yú

저것과 같은 것을 주십시오.

请给我和那个一样的。　칭 게이워 허 나거 이양더
Qǐng gěi wǒ hé nà gè yí yàng de

이것이 입맛에 맞을 겁니다.

这个好像合胃口。 쩌거 하오샹 허웨이코우
Zhè gè hǎo xiàng hé wèi kǒu

이것은 세계적으로 유명한 요리입니다.

这个是世界上有名的料理。
쩌거 스 찌에샹 요우밍더 랴오리
Zhè gè shì shì jiè shàng yǒu míng de liào lǐ

이것은 한국전통 요리입니다.

这是韩国传统料理。 쩌 스 한꿔 추안퉁 랴오리
Zhè shì hán guó chuán tǒng liào lǐ

매운 것을 좋아하십니까?

喜欢辣的吗？ 씨환 라더마 •〔바꿔말하기〕
Xǐ huan là de ma
　　　　　　　　　　　　甜 단 ┊ 酸 신
　　　　　　　　　　　　tián ┊ suān

우리 가게는 **삼계탕**이 전문입니다.

我们店的参鸡汤是专业的。 워먼띠엔더 션찌탕 스 쭈안예더
Wǒ men diàn de shēn jī tāng shì zhuān yè de
　　　　　　•〔바꿔말하기〕
　　　　　　牛杂碎汤 설렁탕 ┊ 方便面 라면
　　　　　　niú zá suì tāng ┊ fāng biàn miàn

비빔밥은 전부 섞어 비벼 먹습니다.

拌饭是全部搅拌后吃的。 빤판 스 추엔뿌 쨔오빤 호우 츠더
Bàn fàn shì quán bù jiǎo bàn hòu chī de

이것은 뭐라고 합니까?

这个叫什么？ 쩌거 쨔오 션머
Zhè gè jiào shén me

식사에는 항상 김치가 딸려 나옵니다.

用餐时泡菜经常一起出来。
용찬스 파오차이 찡창 이치 추라이
Yòng cān shí pào cài jīng cháng yì qǐ chū lái

이것은 **배추김치**입니다.

这是白菜泡菜。 쩌 스 빠이차이 파오차이
Zhè shì bái cài pào cài

> **바꿔말하기**
>
> 嫩萝卜泡菜 총각김치
> nèn luó bo pào cài
>
> 小萝卜泡菜 열무김치
> xiǎo luó bo pào cài

깍두기는 대표적인 김치중의 하나입니다.

萝卜块泡菜是代表性泡菜中的一种。
뤄보콰이 파오차이 스 따이빠오씽 파오차이쫑더 이쫑
Luó bo kuài pào cài shì dài biǎo xìng pào cài zhōng de yì zhǒng

맵지만 맛있습니다.

虽然辣但是好吃。 쑤이란 라 딴스 하오츠
Suī rán là dàn shì hǎo chī

매운 것도 괜찮으십니까?(잘 드십니까?)

辣的也可以吗？(能吃吗？) 라더 예 커이마?(넝 츠마)
Là de yě kě yǐ ma?(néng chī ma?)

그다지 맵지 않습니다.

不怎么辣。 부 쩐머 라
Bù zěn me là

이 빨간 것은 고추가루입니다.

这个红色的是辣椒粉。 쩌거 홍써더 스 라쨔오펀
Zhè gè hóng sè de shì là jiāo fěn

김치는 **몸**에도 좋습니다.

泡菜对身体好。 파오차이 뚜이 션티 하오
Pào cài duì shēn tǐ hǎo

(바꿔말하기)
减肥 다이어트
jiǎn féi

김치는 아주 인기가 있습니다.

泡菜非常有人气。 파오차이 페이창 요우 런치
Pào cài fēi cháng yǒu rén qì

김치는 무료입니다.

泡菜是免费的。 파오차이 스 미엔페이더
Pào cài shì miǎn fèi de

김치는 선물로도 좋습니다.

泡菜作为礼物也不错。 파오차이 쭈오웨이 리우예 부추오
Pào cài zuò wéi lǐ wù yě bú cuò

잘먹었습니다.

吃好了。 츠하오러
Chī hǎo le

후식은 무엇으로 하시겠습니까?

餐后点心吃什么? 찬허우 띠엔씬 츠 션머
Cān hòu diǎn xīn chī shén me

무엇이 좋을까?

什么好呢? 션머하오너
Shén me hǎo ne

➡ **식혜**를 드셔보십시오.

请尝尝米酒。 칭 창창 미찌우
Qǐng cháng cháng mǐ jiǔ

바꿔말하기

柿饼汁 수정과　　**人参茶** 인삼차
shì bǐng zhī　　rén shēn chá

여러 가지 전통 차와 음료가 있습니다.

有各种传统茶和饮料。 요우 거쫑 추안퉁차 허 인랴오
Yǒu gè zhǒng chuán tǒng chá hé yǐn liào

이것은 **건강식품**입니다.

这是健康食品。 쩌 스 찌엔캉스핀
Zhè shì jiàn kāng shí pǐn

바꿔말하기

美容食品 미용식품
měi róng shí pǐn

发酵食品 발효식품
fā jiào shí pǐn

이것은 **민속주**입니다.

这是民俗酒。　　쩌 스 민수찌우
Zhè shì mín sú jiǔ

바꿔말하기

烧酒　소주　　啤酒　맥주
shāo jiǔ　　　pí jiǔ

동동주는 유명한 민속주입니다.

米酒是有名的民俗酒。　미찌우 스 요우밍더 민수찌우
Mǐ jiǔ shì yǒu míng de mín sú jiǔ

바꿔말하기

马格利酒　막걸리
mǎ gé lì jiǔ

민속주점은 인사동에 많습니다.

仁寺洞有很多民俗酒屋。　런쓰뚱 요우 헌뚜오 민수찌우우
Rén sì dòng yǒu hěn duō mín sú jiǔ wū

안주는 파전이 인기 있습니다.

下酒菜中葱油饼有人气。　샤찌우차이쫑 총요우삥 요우 런치
Xià jiǔ cài zhōng cōng yóu bǐng yǒu rén qì

청주가 좋습니다.

轻酒不错。　칭찌우 부추오
Qīng jiǔ bú cuò

저쪽 테이블에는 전라도 민속주가 있습니다.

那边柜台里有全罗道的酒。

나삐엔 꿰타이리 요우 추엔뤄따오더 찌우

Nà biān guì tái lǐ yǒu quán luó dào de jiǔ

중국분들이 좋아하는 한국술입니다.

这是中国人喜欢的韩国酒。

쩌 스 쫑꿔런 씨환더한꿔찌우

Zhè shì zhōng guó rén xǐ huan de hán guó jiǔ

외국인은 한국술을 면세로 구입할 수 있습니다.

外国人可以免税购买韩国酒。

와이꿔런 커이 미엔슈이 고우마이 한꿔찌우

Wài guó rén kě yǐ miǎn shuì gòu mǎi hán guó jiǔ

이 민속주는 하나사면 하나 더 드립니다.

这个民俗酒有买一赠一活动。

쩌거 민수찌우 요우 마이 이쩡이훠똥

Zhè gè mín sú jiǔ yǒu mǎi yī zèng yī huó dòng

이 술은 다음날 머리가 아프지 않습니다.

这酒喝了第二天没有头痛感。

쩌찌우 허러 띠얼티엔 메이요우 토우통 간

Zhè jiǔ hē le dì èr tiān méi yǒu tóu tòng gǎn

환잉광린

欢迎光临。
Huān yíng guāng lín

어서오십시오.

펀웨이 팅하오아. 요우 웨이쯔마

氛围挺好啊。有位置吗？
Fèn wéi tǐng hǎo a. yǒu wèi zhi ma

좋은 분위기이군요. 자리 있습니까?

요우더, 워게이닌 쭈오 샹따오

有的，我给您做向导。
Yǒu de, wǒ gěi nín zuò xiàng dǎo

네, 안내해 드리겠습니다.

워샹츠 한꿔더 추안퉁랴오리

我想吃韩国的传统料理。
Wǒ xiǎng chī hán guó de chuán tǒng liào lǐ

한국의 전통요리를 먹고 싶습니다만.

쩌스 차이딴, 칭칸

这是菜单，请看。
Zhè shì cài dān, qǐng kàn

메뉴입니다, 보십시오.

션머하오츠

什么好吃？
Shén me hǎo chī

무엇이 맛있습니까？

워먼 디엔더 한띵스 요우밍
我们店的韩定食有名。
Wǒ men diàn de hán dìng shí yǒu míng

우리 가게는 한정식이 유명합니다만.

나스 션머
那是什么?
Nà shì shén me

그것은 무엇입니까?

빠오쿼 쑤차이, 파오차이, 씨엔유 허탕덩 얼스뚜오쫑 랴오리
包括蔬菜、泡菜、鲜鱼和汤等20多种料理。
Bāo kuò shū cài, pào cài, xiān yú hé tāng děng èr shí duō zhǒng liào lǐ

나물과 김치, 생선, 탕 등 20종류 이상이 나오는 요리입니다.

잉까이 헌 하오츠
应该很好吃。
Yīng gāi hěn hǎo chī

맛있겠군요.

스더
是的。
Shì de

네.

나머 게이워 량런펀 나거
那么给我2人份那个。
Nà me gěi wǒ liǎng rén fèn nà gè

그럼, 그것을 2인분 주십시오.

웨이, 칭 덩이샤
喂，请等一下。
Wèi, qǐng děng yī xià

여보세요. 잠깐만요.

하오더
好的。
Hǎo de

네.

쩌거 쨔오 션머
这个叫什么？
Zhè gè jiào shén me

이것은 뭐라고 합니까?

쩌 쨔오 빠이차이 파오차이
这叫白菜泡菜。
Zhè jiào bái cài pào cài

그것은 배추김치라고 합니다.

빠이차이 파오차이
白菜泡菜。
Bái cài pào cài

배추김치…

스더, 스 한꿔더 따이뺘오씽 파오차이
是的，是韩国的代表性泡菜。
Shì de, shì hán guó de dài biǎo xìng pào cài

네. 한국의 대표적인 김치입니다.

웬라이스 쩌양아! 팅 하오 츠더, 딴스 요우 띠엔라
原来是这样啊！挺好吃的，但是有点辣。
Yuán lái shì zhè yàng a! tǐng hǎo chī de, dàn shì yǒu diǎn là

그렇군요. 맛있는데 좀 맵군요.

스마? 옌더 부스 나머 라더
是吗？腌的不是那么辣的。
Shì ma? yān de bú shì nà me là de

그렇습니까? 그다지 맵지 않게 담갔는데요.

커이 짜이 게이워 이씨에슈이마
可以再给我一些水吗？   물 좀 더 주시겠습니까?
Kě yǐ zài gěi wǒ yì xiē shuǐ ma

하오더, 추러 쩌거너? (쑤야오더 똥씨?)
好的，除了这个呢？(需要的东西?)
Hǎo de, chú le zhè gè ne?(xū yào de dōng xī?)

네, 이 외에는?(필요하신 것은?)

하이요우, 커이 짜이 게이워 이완 쩌거 파오차이마
还有，可以再给我一碗这个泡菜吗？
Hái yǒu, kě yǐ zài gěi wǒ yì wǎn zhè gè pào cài ma

그리고, 이 김치 한 그릇 더 주실수 있나요?

땅란러, 칭 샤오덩 피엔커
当然了，请稍等片刻。   물론입니다. 잠시만 기다려 주십시오.
Dāng rán le, qǐng shāo děng piàn kè

찌 스 찬호우 티엔띠엔
这是餐后甜点。
Zhè shì cān hòu tián diǎn

이것은 후식입니다.

스 션머
是什么？
Shì shén me

무엇입니까?

스 미찌우
是米酒。
Shì mǐ jiǔ

식혜입니다.

미찌우
米酒？
Mǐ jiǔ

식혜?

스더, 칭 창이샤
是的，请尝一下。
Shì de, qǐng cháng yí xià

네, 한 번 마셔 보십시오.

응, 헌 하오허아
嗯，很好喝啊。
Eng, hěn hǎo hē a

응, 맛있군요.

스더, 쫑꿔런 찡창 라이허
是的，中国人经常来喝。 　네, 중국 분들이 자주 찾습니다.
Shì de, zhōng guó rén jīng cháng lái hē

스마
是吗？ 　그렇습니까?
Shì ma

커런, 닌쭈에더너
客人，您觉得呢？ 　손님은, 어떻습니까?
Kè rén, nín jué dé ne

인웨이 티엔 깡하오허코우
因为甜刚好合口。 　달아서 입맛에 딱 맞는군요.
Yīn wèi tián gāng hǎo hé kǒu

짜이 게이닌 이뻬이마
再给您一杯吗？ 　한잔 더 드릴까요?
Zài gěi nín yī bēi ma

메이꽌씨, 뚜쯔 이찡빠오러
没关系，肚子已经饱了。 　괜찮습니다. 벌써 배가 부르군요.
Méi guān xì, dù zǐ yǐ jīng bǎo le

환잉광린
欢迎光临。
Huān yíng guāng lín

어서오십시오.

라이츠 쫑찬러
来吃中餐了。
Lái chī zhōng cān le

중국요리를 먹으러 왔습니다.

쩌리 요우 차이딴
这里有菜单。
Zhè lǐ yǒu cài dān

여기 메뉴가 있습니다.

칭 게이워 탕추로우
请给我糖醋肉。
Qǐng gěi wǒ táng cù ròu

탕수육 주십시오.

워 쯔따오러. 찌우너
我知道了。酒呢?
Wǒ zhī dào le. jiǔ ne

알겠습니다. 술은?

칭 게이워 쫑꿔더 얼둬토우
请给我中国的二锅头。
Qǐng gěi wǒ zhōng guó de èr guó tóu

중국 소주를 주십시오.

쩌 스 샤오차이. 칭 창창
这是小菜。请尝尝。
Zhè shì xiǎo cài. qǐng cháng cháng

이것은 밑반찬입니다. 드십시오.

하오샹 헌하오 츠야
好像很好吃呀!
Hǎo xiàng hěn hǎo chī yā

맛있겠군요.

탕추로우 라이러
糖醋肉来了。
Táng cù ròu lái le

탕수육를 가져왔습니다.

쩐 하오츠아
真好吃啊!
Zhēn hǎo chī a

굉장히 맛있군요.

칭 만만 샹용
请慢慢享用。
Qǐng màn màn xiǎng yòng

네, 맛있게 드십시오.

메이요우 치타띠엔더러마

没有其它点的了吗？
Méi yǒu qí tā diǎn de le ma

다른 주문하실 것은 없습니까?

칭 짜이게이 이씨에 커러

请再给一些可乐。
Qǐng zài gěi yì xiē kě lè

콜라를 조금 더 주십시오.

워 쯔 따오러

我知道了。
Wǒ zhī dào le

알겠습니다.

뚜이부치, 쩌 스 션머

对不起，这是什么？
Duì bù qǐ, zhè shì shén me

죄송합니다만, 이것은 무엇입니까?

쩌 스 한꿔더 찌앙루오보

这是韩国的酱萝卜。
Zhè shì hán guó de jiàng luó bo

그것은 단무지(무장아찌)입니다.

쩌거 허 션머 이치 츠
这个和什么一起吃？
Zhè gè hé shén me yì qǐ chī

이것은 무엇과 함께 먹습니까?

허 탕추로우 이치 츠
和糖醋肉一起吃。
Hé táng cù ròu yī qǐ chī

탕수육과 함께 먹습니다.

스마
是吗？
Shì ma

그렇습니까?

칭 창이샤, 헌 하오 츠
请尝一下，很好吃。
Qǐng cháng yī xià. hěn hǎo chī

한 번 먹어 보십시오. 맛있습니다.

하오더, 씨에씨에
好的，谢谢。
Hǎo de, xiè xiè

네, 감사합니다.

중국에서는 식사와 함께 술을

중국에도 술을 마실 수 있는 곳은 여러 곳이 있다. 최고급 술집부터 싸게 술 한잔 할 수 있는 곳까지!

夜总会는 최고급 술집으로 여성들이 술과 안주 등을 하나하나 서비스 해주는 곳이다. 샐러리맨이나 학생들이 자주 찾는 곳은 酒吧로 잘 꾸며진 인테리어와 함께 맥주를 많이 마신다. 여름에 한해서 식당 앞 길가 에서 넓게 자리를 펴고 여러가지 안주와 맥주를 마실 수 있는 大排档도 있다.

우리나라같이 자리를 계속 바꿔가면서 2차, 3차를 하는 문화는 많지 않다. 보통 저녁을 먹는 식당에서 술을 함께 먹고 술자리를 끝내는 경우가 많다. 자리를 바꾼다고 해도 2차 정도로 끝난다.

젊은 사람들도 보통 술을 먹고 취하자는 것보다는 사람들과 함께 이야기를 나누는 중에 술을 마시게 된다. 중국사람이 술마시는데 호탕하다고 생각하지만 너무 권하면 실례가 된다.

중국에서 운전하려면 조심

중국의 出租车택시 는 거리와 시간 병산제로 요금을 받으며 합승문화는 없다. 대도시를 중심으로 地铁전철 이 발달했기 때문에 관광객이라면 전철을 이용해 도시의 주요 관광지를 가보는 것도 좋다.

아직까지 교통문화가 발달하지 않아서인지 조금 기다려도 될 상황에서 클락션을 누르고 시끄럽게 하는 경우가 많다. 갓길운행이나 꼬리물기도 많이 이뤄지기 때문에 교통이 매우 혼잡하게 느껴진다.
보행자나 자동차나 먼저가려고 빨간불에도 움직이기 때문에 중국에서 직접 운전을 하려면 매우 조심해야 사고를 막을 수 있다.

1. 请给我看一下菜单。 칭 게이워 칸 이샤 차이딴
Qǐng gěi wǒ kàn yí xià cài dān
메뉴를 보여 주십시오.

2. 请给我青岛啤酒。 칭 게이워 칭따오 피찌우
Qǐng gěi wǒ qīng dǎo pí jiǔ
싱따오맥주 주십시오.

3. 请给我2杯生啤。 칭 게이워 량뻬이 셩피
Qǐng gěi wǒ liǎng bēi shēng pí
생맥주 2잔 주십시오.

4. 有什么特别的下酒菜吗？ 요우 션머 테삐에더 샤찌우차이마
Yǒu shén me tè bié de xià jiǔ cài ma
무언가 특별한 안주 있습니까?

5. 在这里唱歌也可以吗？ 짜이 쩌리 창거 예 커이마
Zài zhè lǐ chàng gē yě kě yǐ ma
여기에서 노래도 부를 수 있습니까?

6. 也有中文歌吗？ 예요우 쫑웬꺼마
Yě yǒu zhōng wén gē ma
중국어 노래도 있습니까?

7. 有用中文写的清单吗？ 요우 용 쫑웬씨에더 칭딴마
Yǒu yòng zhōng wén xiě de qīng dān ma
중국어로 쓴 리스트 있습니까?

1. **请去明洞。**　칭 취 밍뚱
Qǐng qù míng dòng
명동까지 가 주십시오.

2. **请去这里 (给看地址)。**　칭 취 쩌리(게이 칸 띠 찌)
Qǐng qù zhè lǐ(gěi kàn dì zhǐ)
여기까지 가 주십시오. 주소를 보이면서

3. **特别远吗?**　테삐에 웬마
Tè bié yuǎn ma
꽤 멉니까?

4. **基本费用是多少?**　찌뺀 페이용 스 뚜오샤오
Jī běn fèi yòng shì duō shǎo
기본요금은 얼마입니까?

5. **到南山有多远?**　따오 난싼 요우 뚜오웬
Dào nán shān yǒu duō yuǎn
남산까지는 얼마입니까?

6. **道路相当拥堵啊。**　따오루 샹땅 용뚜아
Dào lù xiāng dāng yōng dǔ a
상당히 길이 막히는군요.

7. **劳驾, 不能抓紧去吗?**　라오쨔, 부넝 쭈아찐취마
Láo jià, bù néng zhuā jǐn qù ma
실례지만, 서둘러 가 주시지 않겠습니까?

8. **钱在这里, 谢谢。**　치엔짜이 쩌리, 씨에씨에
Qián zài zhè lǐ, xiè xiè
여기 돈입니다. 감사합니다.

1. **我想登记住宿。** 워 샹 떵찌 쭈수
Wǒ xiǎng dēng jì zhù sù
체크인하고 싶습니다만.

2. **请给我双人间。** 칭 게이워 슈앙런찌엔
Qǐng gěi wǒ shuāng rén jiān
트윈으로 주십시오.

3. **用罗林的名字预约过了。** 용 루오린 더 밍쯔 유위에 꾸오러
Yòng luó lín de míng zì yù yuē guò le
라임이라고 예약했습니다만.

4. **预计2个晚上。** 위찌 량거 완샹
Yù jì liǎng gè wǎn shàng
2박 할 예정입니다만.

5. **拜托明天6点叫醒我。** 빠이투오 밍티엔 리우띠엔 쨔우 씽워
Bài tuō míng tiān liù diǎn jiào xǐng wǒ
내일 6시에, 모닝콜을 부탁합니다.

6. **拜托一下客房服务。** 빠이투오 이샤 커팡푸우
Bài tuō yī xià kè fáng fú wù
룸서비스 부탁합니다.

7. **对不起，房卡丢了。** 뚜이부치, 팡카 띠우러
Duì bù qǐ, fáng kǎ dīu le
죄송하지만, 룸카드를 잃어버렸습니다.

8. **请给我办理退房。** 칭 게이워 빤리 투이팡
Qǐng gěi wǒ bàn lǐ tuì fáng
체크아웃 해 주십시오.

손님

숙박

1. **天津财经大学的教职员可以享受7折优惠。**
티엔찐 차이찡 따쑤에더 쨔오쯔웬 커이 샹쇼우 치쩌요우휘
Tiān jīn cái jīng dà xué de jiāo zhí yuán kě yǐ xiǎng shòu qi zhé yōu huì
천진재경대학 교직원은 30%할인됩니다.

2. **长期住的话可以优惠。** 창치쭈더 화 커이 요우휘
Cháng qī zhù de huà kě yǐ yōu huì
장기로 거주하면 할인됩니다.

3. **安排一下靠海边的房间。** 안파이 이샤 카오하이삐엔더 팡찌엔
Ān pái yī xià kào hǎi biān de fáng jiān
바닷가의 방으로 부탁합니다.

4. **第二天最晚几点退房？** 띠얼티엔 쭈이완 찌띠엔 투이팡
Dì èr tiān zuì wǎn jǐ diǎn tuì fáng
다음날 몇시까지 방을 비워야 하나요?

5. **第二天12点之前退房就可以。**
띠얼티엔 스얼띠엔 쯔치엔 투이팡 찌우 커이
Dì èr tiān shi er diǎn zhī qián tuì fáng jiù kě yǐ
다음날 12시까지 방을 비우셔야 합니다.

6. **早点在一楼自助餐厅里提供。**
짜오띠엔 짜이 이로우 쯔쭈찬팅리티꽁
Zǎo diǎn zài yī lóu zì zhù cān tīng lǐ tí gōng
아침식사는 1층 뷔페에서 하시면 됩니다.

7. **早点包括在房费里吗？** 짜오띠엔 빠오쿠오 짜이 팡페이리마
Zǎo diǎn bāo kuò zài fáng fèi lǐ ma
아침식사는 방값에 포함됩니까?

要喝点什么? 야오 허 띠엔 션머
Yào hē diǎn shén me

酒呢?(要什么?) 찌우너 (야오 셔머?)
Jiǔ ne?(yào shén me?)

바꿔말하기

啤酒 맥주   **下酒菜** 안주
pí jiǔ   xià jiǔ cài

下酒菜怎么办? 샤찌우차이 쩐머빤
Xià jiǔ cài zěn me bàn

请给我两杯生啤。 칭 게이워 량뻬이 셩피
Qǐng gěi wǒ liǎng bēi shēng pí

没有生啤。 메이요우 셩피
Méi yǒu shēng pí

바꿔말하기

瓶啤 병맥주   **听装啤酒** 캔맥주
píng pí   tīng zhuāng pí jiǔ

基本下酒菜是免费的。 찌번 샤찌우차이 스 미엔페더
Jī běn xià jiǔ cài shì miǎn fèi de

바꿔말하기

饮料 음료수   **歌曲** 노래
yǐn liào   gē qǔ

186

이것은 특별서비스입니다.

这是特别赠送。 쩌 스 테삐에 쩡쏭

Zhè shì tè bié zèng sòng

생맥주로 하시겠습니까? 병맥주로 하시겠습니까?

要生啤还是瓶啤? 야오 셩피 하이 스 핑피

Yào shēng pí hái shì píng pí

우리가게는 **쇼**도 있습니다.

我们店也有表演。 워먼띠엔 예요우 삐아오옌

Wǒ men diàn yě yǒu biǎo yǎn

▶ 바꿔말하기

鸡尾酒表演 칵테일쇼
jī wěi jiǔ biǎo yǎn

中文歌曲 중국노래
zhōng wén gē qǔ

小姐 아가씨
xiǎo jiě

이것은 계산서입니다.

这是账单。 쩌 스 짱딴

Zhè shì zhàng dān

각자 계산하시겠습니까?

AA制付款吗? 어이어이 쯔 푸 콴마

AA zhì fù kuǎn ma

한 사람 당 15,000원입니다.

每人15,000韩元。 메이런 이완우치엔 한웬

Měi rén yí wàn wǔ qiān hán yuán

欢迎光临（请乘车）。　환잉광린 (칭 청처)
Huān yíng guāng lín(qǐng chéng chē)

去机场对吧？（再次确认目的地的时候）。
취 찌창 뚜이바? (짜이 츠 최런 무띠띠더 스호우)
Qù jī chǎng duì ba?(zài cì què rèn mù dì dì de shí hòu)

第一次来这里吗？　띠 이츠 라이 쩌리마
Dì yī cì lái zhè lǐ ma

바꿔말하기

韩国 한국　**首尔** 서울
hán guó　shǒu ěr

到南山要多少钱？　따오난샨 야오 뚜오샤오치엔
Dào nán shān yào duō shǎo qián

大约10,000韩元。　따웨 이완 한웬
Dà yuē yī wàn hán yuán

给您做首尔导游吗？　게이닌 쭈오 쇼우얼 따오요우마
Gěi nín zuò shǒu ěr dǎo yóu ma

합승을 해도 괜찮습니까?

可以同乘吗？ 커이 퉁청마
Kě yǐ tóng chéng ma

쇼핑은 이곳이 좋습니다.

这个地方购物好。 쩌거 띠팡 꼬우우 하오
Zhè gè dì fāng gòu wù hǎo

바꿔말하기

观光 관광	用餐 식사
guān guāng	yòng cān

에어콘을 켤까요?

开空调吧？ 카이 콩탸오바
Kāi kōng tiáo ba

바꿔말하기

电热器 히터	音乐 음악
diàn rè qì	yīn yuè

여기 맞습니까?

是这里吗？ 스 쩌리 마
Shì zhè lǐ ma

요금은 6,500원입니다.

费用是6,500韩元。 페이용 스 리우치엔우바이 한웬
Fèi yòng shì liù qiān wǔ bǎi hán yuán

거스름돈입니다. 받으십시오.

这是零钱，请拿好。 쩌 스 링치엔, 칭 나 하오
Zhè shì líng qián, qǐng ná hǎo

售票处在那边。 쇼우퍄오추 짜이 나삐엔
Shòu piào chù zài nà biān

바꿔말하기

询问处 안내소 物品保管处 물품보관소
xún wèn chù | wù pǐn bǎo guǎn chù

안내서입니다. 보십시오.

这是指南，请看。 쩌 스 찌난, 칭 칸
Zhè shì zhǐ nán, qǐng kàn

바꿔말하기

小册子 팜플렛 介绍指南 안내지도
xiǎo cè zi | jiè shào zhǐ nán

여기는 월드랜드입니다.

这里是世界乐园。 쩌리 스 스찌에러웬
Zhè lǐ shì shì jiè lè yuán

이 표는 지하철용입니다.

这票是地铁用的。 쩌퍄오 스 띠티에용더
Zhè piào shì dì tiě yòng de

이 티켓은 오늘만 사용 가능합니다.

这票只能今天使用。 쩌 퍄오 찌넝 찐티엔 스용
Zhè piào zhǐ néng jīn tiān shǐ yòng

여기 **어른** 2장입니다.

这里大人两张。 쩌리 따런 량짱
Zhè lǐ dà rén liǎng zhāng

바꿔말하기

学生 학생 儿童 어린이
xué shēng | ér tóng

이 표는 **편도**입니다.

这票是单程的。　　쩌 퍄오 스 딴청더
Zhè piào shì dān chéng de

> **바꿔말하기**
>
> **往返的** 왕복　**自有券** 자유권
> wǎng fǎn de　zì yǒu quàn
>
> **打折券** 할인권
> dǎ zhé quàn

스페셜 코스는 15,000원입니다.

特价15,000韩元。　　테쨔 이완우치엔 한웬
Tè jià yī wàn wǔ qiān hán yuán

공연은 9시부터입니다.

公演从9点开始。　　꿍옌 충찌우띠엔 카이스
Gōng yǎn cóng jiǔ diǎn kāi shǐ

이 곳은 중국어로 설명합니다.

这个地方用中文说明。　　쩌거 띠팡 용쫑웬 슈오밍
Zhè gè dì fāng yòng zhōng wén shuō míng

학생은 할인됩니다.

学生可以打折。　　쑤에성 커이 따저
Xué shēng kě yǐ dǎ zhé

어른 2장, 어린이 2장, 4장 받으십시오.

大人2张，小孩2张，4张请拿好。
따런 량짱, 샤오하이 량짱, 쓰짱 칭 나 하오
Dà rén liǎng zhāng, xiǎo hái liǎng zhāng, sì zhāng qǐng ná hǎo

환잉광린
欢迎光临。
Huān yíng guāng lín

어서 오십시오.

량밍, 요우 웨이쯔마
两名，有位置吗？
Liǎng míng, yǒu wèi zhi ma

2명입니다만, 자리 있습니까?

요우더, 쩌삐엔 칭
有的，这边请。
Yǒu de, zhè biān qǐng

네, 이쪽으로 오십시오.

요우 셩피마
有生啤吗？
Yǒu shēng pí ma

생맥주 있습니까?

요우더, 쩌 스 차이딴
有的，这是菜单。
Yǒu de, zhè shì cài dān

네, 여기에 메뉴가 있습니다.

량뻬이 셩피, 샤찌우차이
两杯生啤，下酒菜…？
Liǎng bēi shēng pí, xià jiǔ cài...

생맥주 2잔과 안주는…?

쩌거 쩐머양? 이거 판쯔리미엔 요우 하오찌쫑 샤찌우차이

这个怎么样？ 一个盘子里面有好几种下酒菜。
Zhè gè zěn me yàng? yí gè pán zi lǐ miàn yǒu hǎo jǐ zhǒng xià jiǔ cài
이것은 어떻습니까? 한 접시에 여러 가지 안주가 함께 나옵니다.

팅 하오더아! 나머 칭 게이워 쩌거

挺好的啊！那么请给我这个。
Tǐng hǎo de a! nà me qǐng gěi wǒ zhè gè
좋군요. 그럼 그것을 주십시오.

화성 스 쩡쏭더

花生是赠送的。
Huā shēng shì zèng sòng de
땅콩은 서비스입니다.

아, 씨에씨에

啊，谢谢。
A, xiè xiè
아, 감사합니다.

쩌 스 쨩딴, 칭 쇼우하오

这是账单，请收好。
Zhè shì zhàng dān, qǐng shōu hǎo
이것은 계산서입니다. 받으십시오.

하오더

好的。
Hǎo de
네.

니하오, 취나알

你好，去哪儿？
Nǐ hǎo, qù nǎ er

안녕하세요. 어디까지 가십니까?

칭 취 치엔씨니엔 찌우띠엔

请去千禧年酒店。
Qǐng qù qiān xǐ nián jiǔ diàn

밀레니엄 호텔까지 부탁합니다.

야오뚜오찌우

要多久？
Yào duō jiǔ

얼마나 걸릴까요?

쩌거마, 뿌뚜루더화 헌 콰이더

这个嘛，不堵路的话很快的。
Zhè gè ma, bù dǔ lù de huà hěn kuài de

글쎄요. 길이 막히지 않으면 바로입니다만.

뚜이부치, 넝 카이 콰이이띠엔마

对不起，能开快一点吗？
Duì bù qǐ, néng kāi kuài yì diǎn ma

죄송합니다만, 빨리 좀 가 주시겠습니까?

워 쯔 따오러

我知道了。
Wǒ zhī dào le

알겠습니다.

인웨이 산띠엔치엔 야오 따오 찌우띠엔
因为3点前要到酒店。 호텔에 3시까지 가야만 하기 때문에.
Yīn wèi sān diǎn qián yào dào jiǔ diàn

따오 쩌리 커이마
到这里可以吗? 여기면 되겠습니까?
Dào zhè lǐ kě yǐ ma

스더, 씨에씨에
是的，谢谢。 네, 감사합니다.
Shì de, xiè xiè

산치엔 우바이 한웬
3,500韩元。 3,500원입니다.
Sān qiān wǔ bǎi hán yuán

하오더, 짜이쩌리
好的，在这里。 네, 여기 있습니다.
Hǎo de, zài zhè lǐ

찌띠엔 카이스
几点开始?
Jǐ diǎn kāi shǐ

몇 시에 엽니까?

스띠엔 카이스
10点开始。
Shí diǎn kāi shǐ

10시부터입니다.

페이용 스 뚜오샤오
费用是多少?
Fèi yòng shì duō shǎo

요금은 얼마입니까?

따런 이완 우치엔 한웬, 샤오하이 이완 한웬
大人15,000韩元，小孩10,000韩元。
Dà rén yī wàn wǔ qiān hán yuán, xiǎo hái yī wàn hán yuán

어른은 15,000원, 어린이는 10,000원입니다.

나머, 칭 거 게이워 이짱
那么请各给我一张。
Nà me, qǐng gè gěi wǒ yī zhāng

그럼, 한 장씩 주십시오.

하오더, 이꽁 량완 우치엔웬
好的，一共2万5千元。
Hǎo de, yí gòng liǎng wàn wǔ qiān yuán

네, 전부 2만5천원입니다.

요우 션머 커이 빵쭈더마

有什么可以帮助的吗?
Yǒu shén me kě yǐ bāng zhù de ma

무엇을 도와드릴까요?

스더 , 워 미루러

是的, 我迷路了。
Shì de, wǒ mí lù le

네, 길을 잃었습니다.

칭웬 취 나리야

请问去哪里呀?
Qǐng wèn qù nǎ lǐ ya

어디를 찾으십니까?

띠이찌우띠엔 짜이 나리

第一酒店在哪里?
Dì yī jiǔ diàn zài nǎ li

제일호텔은 어디입니까?

충 쩌거띠팡 샹치엔쪼우 우펀 쫑쭤요우, 요우삐엔 찌우스

从这个地方向前走5分钟左右, 右边就是。
Cóng zhè gè dì fāng xiàng qián zǒu wǔ fēn zhōng zuǒ yòu, yòu biān jiù shì

이곳에서 5분 정도 곧바로 가면 오른쪽에 있습니다.

워 쯔 따오러, 씨에씨에

我知道了, 谢谢。
Wǒ zhī dào le, xiè xiè

알겠습니다. 감사합니다.

워 샹 떵찌 쭈쑤
我想登记住宿。
Wǒ xiǎng dēng jì zhù sù

체크인하고 싶습니다만.

칭 웬 유위에러마
请问预约了吗?
Qǐng wèn yù yuē le ma

예약은 하셨습니까?

스더, 쨔오 왕웨이
是的，叫王薇。
Shì de, jiào wáng wēi

네, 왕미입니다.

칭웬 쭈찌티엔
请问住几天?
Qǐng wèn zhù jǐ tiān

며칠 묵으실겁니까?

산티엔
3天。
Sān tiān

3박입니다.

쯔 따오러, 칭 샤오덩 피엔커
知道了，请稍等片刻。
Zhī dào le, qǐng shāo děng piàn kè

알겠습니다. 잠시만, 기다려 주십시오.

칭 짜이 쩌리 티엔씨에 씽밍 허 쭈찌
请在这里填写姓名和住址。
Qǐng zài zhè lǐ tián xiě xìng míng hé zhù zhǐ

여기에 성함과 주소를 적어 주십시오.

워 쯔 따오러
我知道了。
Wǒ zhī dào le

알겠습니다.

쩌 스 팡카. 우링우 팡찌엔
这是房卡。505房间。
Zhè shì fáng kǎ. wǔ líng wǔ fáng jiān

이것은 룸카드입니다. 505호실입니다.

하오더
好的。
Hǎo de

네.

스탕 짜이나알
食堂在哪儿？
Shí táng zài nǎ er

식당은 어디입니까?

얼 로우
2楼。
Èr lóu

2층입니다.

환잉광린
欢迎光临。
Huān yíng guāng lín

어서 오십시오.

쩌거 부추오아! 뚜오샤오치엔
这个不错啊! 多少钱?
Zhè gè bù cuò a! duō shǎo qián

이것이 괜찮군요. 얼마입니까?

나거 얼쓰스완 한웬
那个24万韩元。
Nà gè èr shí sì wàn hán yuán

그것은 24만원입니다.

요우 띠엔꿔아
有点贵啊。
Yǒu diǎn guì a

조금 비싸군요.

씨엔짜이 스 따저쫑
现在是打折中!
Xiàn zài shì dǎ zhé zhōng

지금, 세일중입니다.

스마
是吗?
Shì ma

그렇습니까?

나머, 칭 게이워 쩌거 더 치타 옌써 칸칸
那么，请给我这个的其它颜色看看。
Nà me, qǐng gěi wǒ zhè gè de qí tā yán sè kàn kàn
그럼, 이것의 다른 색을 보여 주십시오.

뚜이부치, 나거 찌요우 이쫑 옌써
对不起，那个只有一种颜色。
Duì bù qǐ, nà gè zhǐ yǒu yì zhǒng yán sè
죄송하지만, 그것은 단 한가지 색입니다.

쩌 스 찐코우핀마
这是进口品吗？
Zhè shì jìn kǒu pǐn ma
이것은 수입품입니까?

스더, 딴스 인웨이 쩌리 스 미엔슈이띠엔 쑤오이 피엔이
是的，但是因为这里是免税店所以便宜。
Shì de, dàn shì yīn wèi zhè lǐ shì miǎn shuì diàn suǒ yǐ pián yì
네, 하지만 여기는 면세점이라 쌉니다.

쩌 양쯔 아! 게이워 쩌거
这样子啊！给我这个。
Zhè yàng zǐ a! gěi wǒ zhè gè
그렇군요. 이것으로 하겠습니다.

워 쯔 따오러, 칭 샤오덩 피엔커
我知道了，请稍等片刻。
Wǒ zhī dào le, qǐng shāo děng piàn kè
알겠습니다. 잠시만, 기다려 주십시오.

PART 4

부록 - 한·중 단어장

판매에 필요한 기본단어

1. 상점명

한국어	中文	발음	한국어	中文	발음
가구점	家具店 jiā jù diàn	짜쭈띠엔	골동품점	古董店 gǔ dǒng diàn	구똥띠엔
과일 가게	水果店 shuǐ guǒ diàn	슈이궈띠엔	과자 가게	点心屋 diǎn xīn wū	띠엔씬우
구멍가게	杂货店 zá huò diàn	짜훠띠엔	꽃가게	花店 huā diàn	화띠엔
담배가게	烟铺 yān pù	옌푸	면세점	免税店 miǎn shuì diàn	미엔슈이띠엔
모자가게	帽子店 mào zi diàn	마오쯔띠엔	모피점	毛皮店 máo pí diàn	마오피띠엔
문방구	文具店 wén jù diàn	웬쭈띠엔	미용실	美容室 měi róng shì	메이룽스
백화점	百货店 bǎi huò diàn	빠이훠띠엔	세탁소	干洗店 gān xǐ diàn	깐씨띠엔
보석가게	珠宝店 zhū bǎo diàn	쭈빠오띠엔	사진관	照相馆 zhào xiàng guǎn	짜오샹관
생선가게	海鲜店 hǎi xiān diàn	하이씨엔띠엔	서점	书店 shū diàn	슈띠엔
선물가게	礼品店 lǐ pǐn diàn	리핀띠엔	시계점	表店 biǎo diàn	뺘오띠엔
슈퍼마켓	超市 chāo shì	차오스	아케이드	游乐中心 yóu lè zhōng xīn	요우러쫑씬
스포츠용품점	体育用品店 tǐ yù yòng pǐn diàn	티유용핀띠엔	안경점	眼镜店 yǎn jìng diàn	옌찡띠엔
시장	市场 shì chǎng	스창	약국	药店 yào diàn	야오띠엔
식료품점	食料品店 shí liào pǐn diàn	스랴오핀띠엔	야채가게	蔬菜店 shū cài diàn	슈차이띠엔
양복점	西服店 xī fú diàn	씨푸띠엔	이발소	理发店 lǐ fā diàn	리파띠엔

정육점	肉店 ròu diàn	로우띠엔	완구점	玩具店 wán jù diàn	완쭈띠엔
제과점	面包店 miàn bāo diàn	미엔빠오띠엔	전기제품점	电器店 diàn qì diàn	띠엔치띠엔
주차장	停车场 tíng chē chǎng	팅처창	주점	酒店 jiǔ diàn	찌우띠엔
토산품점	特产品店 tè chǎn pǐn diàn	테찬핀띠엔	지하상가	地下商店街 dì xià shāng diàn jiē	띠샤샹띠엔찌에
화장품점	化装品店 huà zhuāng pǐn diàn	화쭈앙핀띠엔	전문점	专卖店 zhuān mài diàn	쭈안마이띠엔

2. 매장에서 쓰이는 기본 단어

가격	价格 jià gé	짜거	깎다	削 xuē	쑤에
값	价值 jià zhí	짜쯔	달러	美元 měi yuán	메이웬
돈	钱 qián	치엔	면세	免税 miǎn shuì	미엔슈이
무늬	花纹 huā wén	화웬	배달	送货 sòng huò	쏭훠
사다	买 mǎi	마이	사이즈	尺寸 chǐ cùn	츠춘
색상	颜色 yán sè	옌써	선물	礼物 lǐ wù	리우
손님	客人 kè rén	커런	엔	日元 rì yuán	리웬
영수증	发票 fā piào	파퍄오	비용	费用 fèi yòng	페이용
원 (한국)	韩元 hán yuán	한웬	(신용)카드	卡 kǎ	카

판매	销售 xiāo shòu	샤오쇼우	팔다	卖 mài	마이
포장	包装 bāo zhuāng	빠오쭈앙	현금	现金 xiàn jīn	씨엔찐
1등품	一级品 yī jí pǐn	이찌핀	견본	样本 yàng běn	양뻔
고객	顾客 gù kè	구커	광고	广告 guǎng gào	광까오
디자인	设计 shè jì	서찌	모델	模型 mó xíng	모씽
부품	零件 líng jiàn	링찌엔	불량	不良 bù liáng	부량
상품	商品 shāng pǐn	샹핀	상품권	商品券 shāng pǐn quàn	샹핀추안
샘플	样品 yàng pǐn	양핀	증정품	赠品 zèng pǐn	정핀
선전	宣战 xuān zhàn	쑤안짠	스타일	样式 yàng shì	양스
신제품	新产品 xīn chǎn pǐn	신찬핀	오리지날 상품	原创产品 yuán chuàng chǎn pǐn	웬추앙찬핀
입하	进货 jìn huò	찐훠	진열	陈列 chén liè	첸리에
카달로그	目录 mù lù	무루	최신형	最新型 zuì xīn xíng	쭈이씬씽
형식	形式 xíng shì	씽스	출하	发货 fā huò	파훠
품질	质量 zhì liàng	찌량			

3. 판매

한국어	중국어	발음	한국어	중국어	발음
개장	开张 kāi zhāng	카이짱	거래	交易 jiāo yì	쨔오이
거스름돈	零钱 líng qián	링치엔	경품	赠品 zèng pǐn	쩡핀
계산대	收银台 shōu yín tái	쇼우인타이	권하다	劝说 quàn shuō	추엔슈오
매매	买卖 mǎi mài	마이마이	매상	收购 shōu gòu	쇼우꼬우
매장	卖场 mài chǎng	마이창	물건	物品 wù pǐn	우핀
세일	甩卖 shuǎi mài	슈아이마이	쇄도	接踵而来 jiē zhǒng ér lái	찌에쫑얼라이
잘 팔리다	畅销 chàng xiāo	창 샤오	판매원	店员 diàn yuán	띠엔위엔
품질	质量 zhì liàng	찌량	팔림새	销售情况 xiāo shòu qíng kuàng	샤오쇼우칭쾅
팜플렛	小册子 xiǎo cè zi	샤오처쯔	호평	好评 hǎo píng	하오핑
확실히 보증됨	绝对保证 jué duì bǎo zhèng	쭈에뚜이빠오쩡	휴일	休息日 xiū xi rì	씨우씨르

4. 가격

한국어	중국어	발음	한국어	중국어	발음
가격 표시제	价格表示制 jià gé biǎo shì zhì	쨔거빠오스쯔	값을 깎다	讲价 jiǎng jià	쨩쨔
계산서	账单 zhàng dān	쨩딴	계약금	契约金 qì yuē jīn	치웨찐
도매가격	批发价 pī fā jià	피화쨔	디스카운트	打折 dǎ zhé	따저
봉사료	酬宾价 chóu bīn jià	쵸우삔쨔	비싸다	贵 guì	귀

한국어	中文	발음	한국어	中文	발음
생산자 가격	生产者价格 shēng chǎn zhě jià gé	성찬쩌쨔거	선불	先付 xiān fù	씨엔푸
소매가격	零售价格 líng shòu jià gé	링쇼우쨔거	월부	分月付款 fēn yuè fù kuǎn	펀웨푸콴
싯가	市价 shì jià	스쨔	수표	支票 zhī piào	쯔퍄오
에누리	砍价 kǎn jià	칸쨔	싸다	便宜 pián yí	피엔이
염가	廉价 lián jià	리엔쨔	싼 것	便宜的东西 pián yí de dōng xī	피엔이더 뚱시
원가	原价 yuán jià	웬쨔	영수증	发票 fā piào	파퍄오
인상가격	涨价 zhǎng jià	쨩쨔	인하가격	降价 jiàng jià	쨩쨔
잔돈	零钱 líng qián	링치엔	저가	低价 dī jià	띠쨔
정가	定价 dìng jià	띵쨔	정찰	标签 biāo qiān	빠요찌엔
정찰가	标价 biāo jià	빠쨔	지불	支付 zhī fù	쯔푸
처분가	处理价 chù lǐ jià	추리쨔	최저가	最低价 zuì dī jià	쭈이띠쨔
카드	卡 kǎ	카아	카운터	柜台 guì tái	귀따이
특가	特价 tè jià	터쨔	특별가	特价 tè jià	터쨔
할부	分期支付 fēn qī zhī fù	펀치쯔푸	후불	后付 hòu fù	훠푸
착불	货到付款 huò dào fù kuǎn	훠따오푸콴	현금지불	现金支付 xiàn jīn zhī fù	씨엔찐쯔푸

5. 형태

가늘다	细 xì	쓰	가로	横 héng	헝
가볍다	轻 qīng	칭	굵다	粗 cū	추
길다	长 cháng	창	날카롭다	敏锐 mǐn ruì	민루이
낮다	低 dī	띠	네모지다	四角形 sì jiǎo xíng	스쨔오씽
높다	高 gāo	까오	두껍다	厚 hòu	호우
둥글다	圆 yuán	웬	많다	多 duō	뚜오
무겁다	重 zhòng	쭝	세로	竖 shù	슈
세모지다	三角形 sān jiǎo xíng	산쨔오씬	얇다	薄 bó	보
작다	小 xiǎo	샤오	적다	少 shǎo	샤오
짧다	短 duǎn	뚜안	크다	大 dà	따

6. 상태

간단하다	简单 jiǎn dān	찌엔딴	강하다	强 qiáng	치앙
같다	一样 yí yàng	이양	귀엽다	可爱 kě ài	커아이
깊다	深 shēn	션	깨끗하다	干净 gān jìng	간찡
나쁘다	坏 huài	화이	낡다	老 lǎo	라오
넓다	广 guǎng	구앙	다르다	不同 bù tóng	부똥

더럽다	脏 zāng	짱	새롭다	新 xīn	씬
복잡하다	复杂 fù zá	푸짜	아름답다	美丽 měi lì	메이리
얕다	浅 qiǎn	치엔	좁다	窄 zhǎi	짜이
약하다	弱 ruò	뤄	좋다	好 hǎo	하오
이상하다	奇怪 qí guài	치꽈이			

ㄱ. 색상

검다	黑 hēi	허이	검정색	黑色 hēi sè	헤이써
하얗다	白 bái	빠이	흰색	白色 bái sè	바이써
빨갛다	赤 chì	치	빨간색	赤色 chì sè	치써
파랗다	青 qīng	칭	파란색	青色 qīng sè	칭써
노란색	黄色 huáng sè	황써	녹색	绿色 lǜ sè	뤼써
회색	灰色 huī sè	후이써	핑크색	粉色 fěn sè	펀써
갈색	褐色 hè sè	헤써	베이지색	驼色 tuó sè	퉈써
보라색	紫色 zǐ sè	쯔써	곤색	藏轻色 zàng qīng sè	짱칭써
밝은 색	亮色 liàng sè	량써	진한 색	浓色 nóng sè	농써
연한 색	嫩色 nèn sè	넨써	금색	金色 jīn sè	찐써
어두운 색	暗色 àn sè	안써	은색	银色 yín sè	인써

8. 식사에 관련된 말

기본

건더기	料 liào	랴오	김치	泡菜 pào cài	파오차이
국	汤 tāng	탕	군거질	零食 líng shí	링스
냉수	冷水 lěng shuǐ	렁슈이	마시다	喝 hē	허
먹다	吃 chī	츠	목마르다	口可 kǒu kě	코우커
물	水 shuǐ	슈이	물수건	湿毛巾 shī máo jīn	스마오진
메뉴	菜单 cài dān	차이딴	컵	杯子 bēi zǐ	베이즈
밤참	夜宵 yè xiāo	예싸오	반찬	菜 cài	차이
밥	饭 fàn	판	밥맛(식욕)	食欲 shí yù	스위
배고프다	肚子饿 dù zi è	뚜즈어	배부르다	肚子饱 dù zi bǎo	뚜즈빠오
숟가락	勺子 sháo zǐ	샤오즈	젓가락	筷子 kuài zǐ	콰이즈
아침밥	早饭 zǎo fàn	짜오판	점심밥	午饭 wǔ fàn	우판
저녁밥	晚饭 wǎn fàn	완판	주문하다	订购 dìng gòu	띵고우

요리법

굽다	烤	kǎo	카오	끓이다	烧	shāo	샤오
무치다	拌	bàn	빤	볶다	炒	chǎo	차오
삶다	煮	zhǔ	쭈	썰다	切	qiē	치에

달다	甜 tián	티엔	떫다	涩 sè	써
맛있다	好吃 hǎo chī	하오츠	맛없다	不好吃 bù hǎo chī	부하오츠
맵다	辣 là	라	상하다	放坏 fàng huài	팡화이
싱겁다	味淡 wèi dàn	웨이딴	짜다	咸 xián	씨안
쓰다	苦 kǔ	쿠	시다	酸 suān	쌴

음료 

냉수	冷水 lěng shuǐ	렁슈이	녹차	绿茶 lǜ chá	뤼차
대추차	大枣茶 dà zǎo chá	따짜오차	따뜻한 물	温水 wēn shuǐ	웬슈이
레모네이드	柠檬汁 níng méng zhī	닝멍쯔	물	水 shuǐ	슈이
밀크쉐이크	奶昔 nǎi xī	나이씨	보리차	大卖茶 dà mài chá	따마이차
사이다	汽水 qì shuǐ	치슈이	생강차	生姜茶 shēng jiāng chá	썽쨩차
오미자차	五味子茶 wǔ wèi zǐ chá	우워이쯔차	우유	牛奶 niú nǎi	뉴나이
유자차	柚子茶 yòu zi chá	요우쯔차	율무차	薏米茶 yì mǐ chá	이미차
쥬스	果汁 guǒ zhī	궈쯔	차	茶 chá	차
커피	咖啡 kā fēi	카페이	코코아	可可茶 kě kě chá	커커차
콜라	可乐 kě lè	커러	홍차	红茶 hóng chá	홍차

매장별 필수 단어

1. 의류

패션

가디건	开襟衣 kāi jīn yī	카이찐이	유니폼	职业装 zhī yè zhuāng	쯔예쭈앙
긴바지	长裤 cháng kù	창쿠	니트	针织品 zhēn zhī pǐn	쩐쯔핀
더블	双 shuāng	슈앙	드레스	连衣裙 lián yī qún	리엔이췬
레인코트	雨衣 yǔ yī	위이	멜빵바지	背带裤 bèi dài kù	뻬이따이쿠
모피코트	毛皮外衣 máo pí wài yī	마오피와이이	미니스커트	超短裙 chāo duǎn qún	차오뚜안췬
바지	裤子 kù zi	쿠쯔	반바지	短裤 duǎn kù	뚜안쿠
블라우스	短袖衫 duǎn xiù shān	뚜안씨우샨	상의	上衣 shàng yī	샹이
수영복	游泳衣 yóu yǒng yī	요우용이	스웨터	毛衣 máo yī	마오이
스커트	裙子 qún zi	췬쯔	신사복	绅士服 shēn shì fú	션스푸
실내복	睡衣 shuì yī	슈이이	싱글	单 dān	딴
양복	西服 xī fú	씨푸	오바	外套 wài tào	와이따오
원피스	连衣裙 lián yī qún	리엔이췬	중국옷 (치파오)	旗袍 qí páo	치파오
잠바	夹克 jiá kè	짜커	조끼	背心 bèi xīn	뻬이씬
투피스	两件套 liǎng jiàn tào	량찌엔타오	풀오버	毛线套衫 máo xiàn tào shān	마오씨엔타오샨
티셔츠	T恤 T xù	티쑤	세트	套 tào	타오

무늬

무늬	花纹 huā wén	화웬	가로줄 무늬	横纹 héng wén	헝웬
무늬없는 옷감	无花纹衣料 wú huā wén yī liào	우화웬이랴오	물방울 무늬	豹纹 bào wén	빠오웬
바둑판 무늬	方格纹 fāng gé wén	팡거웬	세로줄 무늬	纵纹 zòng wén	쯔웬
줄무늬	条纹 tiáo wén	타오웬	체크무늬	黑白格纹 hēi bái gé wén	헤이빠이거웬

옷의 모양

겉	表面 biǎo miàn	빠오미엔	깃	衣领 yī lǐng	이링
깃없는 옷	无领衣 wú lǐng yī	우링이	소매	零售 líng shòu	링쇼우
소매 없는 옷	非零售衣服 fēi líng shòu yī fú	페이링쇼우이푸	손바느질	针线活 zhēn xiàn huó	쩐씨엔훠
안	里 lǐ	리	주머니	口袋 kǒu dài	코우따이

피혁

돼지가죽	猪革 zhū gé	쭈거	사슴가죽	鹿皮 lù pí	루피
소가죽	牛皮 niú pí	뉴피	악어가죽	鳄鱼皮 è yú pí	어위피
양가죽	羊皮 yáng pí	양피	여우가죽	狐皮 hú pí	후피

크기

굵은	粗的 cū de	추더	가는	细的 xì de	씨더
긴	长的 cháng de	창더	짧은	短的 duǎn de	뚜안더
큰	大的 dà de	따더	작은	小的 xiǎo de	샤오더
꽉끼는	紧的 jǐn de	찐더	헐렁한	松的 sōng de	쑹더

옷감 재료

가죽	革 gé	거	개버딘	华达呢 huá dá ne	화따너
공단	工业区 gōng yè qū	꽁예추	나일론	尼龙 ní lóng	니룽
레이스	网织品 wǎng zhī pǐn	왕쯔핀	레이온	人造纤维 rén zào xiān wēi	런짜오씨엔웨이
마	麻 má	마	면	绵 mián	미엔
오	毛 máo	마오	목면	棉花 mián huā	미엔화
벨벳	天鹅绒 tiān é róng	티엔어롱	비단	绢 juān	쭈안
순모	纯毛 chún máo	춘마오	실크	丝 sī	쓰
울	羊毛 yáng máo	양마오	후란넬	法兰绒 fǎ lán róng	화란롱
인조견	人造丝 rén zào sī	런짜오스	코튼	棉布 mián bù	미엔뿌
폴리에스테르	涤纶 dí lún	띠룬	화학섬유	化纤 huà xiān	화씨엔

2. 구두 

고무신	胶鞋 jiāo xié	짜오씨에	구두	鞋 xié	씨에
구두굽	鞋跟 xié gēn	씨에건	구두끈	鞋带 xié dài	씨에따이
구두약	鞋油 xié yóu	씨에요우	구두주걱	鞋拔 xié bá	씨에빠
구두창	鞋底 xié dǐ	씨에띠	나막신	木积 mù jī	무찌
부츠	靴子 xuē zi	쑤에쯔	샌들	凉鞋 liáng xié	량씨에
슬리퍼	拖鞋 tuō xié	퉈씨에	운동화	运动鞋 yùn dòng xié	윈뚱씨에
장화	长靴 cháng xuē	창쑤에	하이힐	高跟鞋 gāo gēn xié	까오건씨에
짚신	草鞋 cǎo xié	차오씨에	높다	高 gāo	까오
폭이 넓다	宽阔 kuān kuò	콴쿼	끼다	戴 dài	따이
폭이 좁다	狭窄 xiá zhǎi	씨아짜이	느슨하다	松弛 sōng chí	쏭츠

3. 기념품 

고려청자	高丽青瓷 gāo lì qīng cí	까오리칭츠	그림	画 huà	화
김	紫菜 zǐ cài	쯔차이	꽃병	花瓶 huā píng	화핑
칠기	漆器 qī qì	치치	나전칠기	螺钿漆器 luó diàn qī qì	뤄띠엔치치
담배	烟 yān	옌	담배케이스	烟盒 yān hé	옌허

라이터	打火机 dǎ huǒ jī	따훠찌	도자기	陶磁器 táo cí qì	따오쯔치
목각(물)	木雕 mù diāo	무띠아오	돗자리	席子 xí zi	씨쯔
민예품	民艺品 mín yì pǐn	민이핀	면세품	免税品 miǎn shuì pǐn	미엔슈이핀
병풍	屏风 píng fēng	핑훵	목제품	木质品 mù zhì pǐn	무찌핀
봉제완구	缝制玩具 féng zhì wán jù	훵쯔완쭈	발	帘子 lián zi	리엔쯔
브랜디	白兰地 bái lán dì	빠이란띠	보석	宝石 bǎo shí	빠오스
송이버섯	松菇 sōng gū	쏭꾸	부채	扇子 shàn zi	샨쯔
위스키	威士忌 wēi shì jì	웨이스찌	선물	礼物 lǐ wù	리우
인형	洋娃娃 yáng wá wa	양와와	우산	雨伞 yǔ sǎn	위산
인삼	人参 rén shēn	런션	홍삼	红参 hóng shēn	홍션
재떨이	烟灰缸 yān huī gāng	옌후이강	장난감	玩具 wán jù	완쭈
쟁반	盘子 pán zǐ	판쯔	접시	碟子 dié zi	띠에쯔
대나무	竹质品 mù zhì pǐn	무쯔핀	특산품	特产品 tè chǎn pǐn	터찬핀
이조백자	李朝白瓷 lǐ cháo bái cí	리차오빠이츠	수첩	手册 shǒu cè	쇼우츠
볼펜	圆珠笔 yuán zhū bǐ	웬쯔삐	노트	笔记本 bǐ jì běn	삐찌뻔

한국어	중국어	발음	한국어	중국어	발음
귀걸이	耳坠 ěr zhuì	얼쭈이	금	金 jīn	찐
넥타이핀	领带夹 lǐng dài jiá	링따이짜	목걸이	项链 xiàng liàn	썅리엔
다이아몬드	钻石 zuàn shí	쭈안스	반지	戒指 jiè zhǐ	찌에찌
백금	白金 bái jīn	빠이찐	브로찌	胸针 xiōng zhēn	씨옹쩐
산호	珊瑚 shān hú	샨후	서류가방	公文包 gōng wén bāo	꿍원빠오
선글라스	太阳镜 tài yáng jìng	타이양찡	액세서리	饰品 shì pǐn	쓰핀
손거울	小镜子 xiǎo jìng zi	샤오찡쯔	손수건	手帕 shǒu pà	쇼우파
손지갑	手包 shǒu bāo	쇼우빠오	스카프	围巾 wéi jīn	웨이찐
연수정	烟水晶 yān shuǐ jīng	이앤슈이찡	화장품	化装品 huà zhuāng pǐn	화쭈앙핀
허리띠	腰带 yāo dài	야오따이	열쇠고리	腰匙坠 yào shi zhuì	야오스쭈이
은	银 yín	인	자명종	闹钟 nào zhōng	나오쭝
팔찌	手镯 shǒu zhuó	쇼우쭈오	장갑	手套 shǒu tào	쇼우따오
콤팩트	梳装粉盒 shū zhuāng fěn hé	슈쭈앙훤허	진주	珍珠 zhēn zhū	쩐쭈
팔목시계	手表 shǒu biǎo	쇼우빠오	핸드백	手提包 shǒu tí bāo	쇼우티빠오
머리핀	发卡 fà qiǎ	파카			

한식

갈비	排骨 파이구 pái gǔ	갈비탕	排骨汤 파이구탕 pái gǔ tāng
곱창전골	涮肥肠 슈안페이창 shuàn féi cháng	기본반찬	基本小菜 찌뻔샤오차이 jī běn xiǎo cài
깍두기	萝卜块 뤄뽀콰이 luó bo kuài	깨죽	芝麻糊 쯔마후 zhī má hú
낙지볶음	炒章鱼 차오짱위 chǎo zhāng yú	냉면	冷面 렁미엔 lěng miàn
돌솥비빔밥	石锅拌饭 스꾸오빤판 shí guō bàn fàn	모듬전	煎饼拼盘 찐삥핀빤 jiān bǐng pīn pán
면류	面类 미엔루이 miàn lèi	무침	拌菜 빤차이 bàn cài
물김치	水泡菜 슈이파오차이 shuǐ pào cài	밥·식사	饭菜 판차이 fàn cài
빈대떡	绿豆糕 뤼또우까오 lǜ dòu gāo	버섯불고기	蘑菇烤肉 모구카오로우 mó gū kǎo ròu
불고기백반	烤肉饭 카오로우판 kǎo ròu fàn	보신탕	狗肉汤 고우로우탕 gǒu ròu tāng
비빔밥	拌饭 빤판 bàn fàn	불고기	烤肉 카오로우 kǎo ròu
산적	烤肉串 코우로우촨 kǎo ròu chuàn	일품요리	一品料理 이핀랴오리 yī pǐn liào lǐ
배추김치	白菜泡菜 빠이차이포우차이 bái cài pào cài	보쌈김치	萝卜白菜泡菜 뤄뽀빠이차이파오차이 luó bo bái cài pào cài
삼계탕	参鸡汤 션찌탕 shēn jī tāng	소고기전골	牛肉肥肠 뉘로훼이창 niú ròu féi cháng
생선구이정식	烤鱼饭 카오위판 kǎo yú fàn	삼색나물	三色蔬菜 산써슈차이 sān sè shū cài
온면	热面 러미엔 rè miàn	장어구이	烤鳗鱼 카오만위 kǎo mán yú
왕새우구이	烤大虾 카우따샤 kǎo dà xiā	호박죽	南瓜粥 난과쯔우 nán guā zhōu

한국어	中文	한자음		한국어	中文	한자음
죽	粥 zhōu	쪼우		파전	葱煎饼 cōng jiān bǐng	총찌엔삥
전복죽	鲍鱼粥 bào yú zhōu	빠오위쪼우		가다랭이	鲣鱼 jiān yú	찌엔위
전골	涮锅 shuàn guō	슈안꾸오		광어 (넙치)	比目鱼 bǐ mù yú	삐무위
간장	酱油 jiàng yóu	쨩요우		꼬치구이	烤羊肉串 kǎo yáng ròu chuàn	카오양로우추안
김밥 (김초밥)	紫菜包饭 zǐ cài bāo fàn	쯔차이빠오판		냄비요리	汤锅料理 tāng guō liào lǐ	탕꾸오랴오리
낙지 (문어)	章鱼 zhāng yú	쨩위		도미	鲷鱼 diāo yú	띠아오위
오징어 덮밥	鱿鱼盖饭 yóu yú gài fàn	요우 위까이판		돈까스덮밥	炸猪肉排盖饭 zhá zhū ròu pái	짜쭈로우파이까이판
된장국	酱汤 jiàng tāng	쨩탕		도시락	盒饭 hé fàn	허판
떡국	打糕汤 dǎ gāo tāng	따까오탕		두부	豆腐 dòu fǔ	또우푸
맑은 국	清汤 qīng tāng	칭탕		뜨거운 국	热汤 rè tāng	러탕
메밀국수	荞麦面条 qiáo mài miàn tiáo	챠오마이미엔탕		맑은 장국	清酱汤 qīng jiàng tāng	칭쨩탕
뱀장어구이	烤鳗鱼 kǎo màn yú	카오만위		오듬회	生鱼片拼盘 shēng yú piàn pīn pán	셩위피엔핀판
볶음밥	炒饭 chǎo fàn	차오판		복어회	河豚片 hé tún piàn	허툰피엔
생선구이	烤鱼 kǎo yú	카오위		새우회	虾米片 xiā mǐ piàn	샤미피엔
소라	海螺 hǎi luó	하이뤄		생선초밥	鲜鱼醋味饭 xiān yú cù wèi fàn	씨안위추웨이판
오로시	大跟 dà gēn	따건		오뎅	鱼丸串儿 yú wán chuàn er	위완촨얼

우동	乌冬 wū dōng	우뚱	오징어	鱿鱼 yóu yú	요우위
유부	油豆腐 yóu dòu fu	요우또우푸	와사비	芥末 jiè mo	찌에뭐
유부초밥	油豆腐醋味饭 yóu dòu fu cù wèi fàn	요우또우푸추웨이판	유부우동	油豆腐乌冬 yóu dòu fu wū dōng	요우또우푸우뚱
장어덮밥	鳗鱼盖饭 mán yú gài fàn	만위까이판	중화요리	中华料理 zhōng huá liào lǐ	쫑화랴오리
회	生鱼片 shēng yú piàn	셩위피엔	해삼	海参 hǎi shēn	하이션
정식	套餐 tào cān	타오찬	전복	鲍鱼 bào yú	빠오위
초밥	醋味饭 cù wèi fàn	추웨이판	디저트	饭后甜点 fàn hòu tián diǎn	판호우티엔띠엔
튀김덮밥	油炸盖浇饭 yóu zhà gài jiāo fàn	요우짜까이짜오판	튀김	油炸食品 yóu zhá shí pǐn	요우짜스핀
탕수육	糖醋肉 táng cù ròu	탕추로우	마파두부	麻婆豆腐 má pó dòu fu	마포또우푸
동파육	东坡肉 dōng pō ròu	똥포로우	라조기	辣椒鸡 là jiāo jī	라짜오찌
고추잡채	辣子杂菜 là zǐ zá cài	라쯔짜차이	자장면	炸酱面 zhá jiàng miàn	짜짱미엔
팔보채	八宝菜 bā bǎo cài	빠빠오차이	깐풍기	乾烹鸡 gān pēng jī	깐펑찌
만두 (교자)	饺子 jiǎo zǐ	짜오쯔	물만두	水饺子 shuǐ jiǎo zǐ	슈이짜오쯔
찐빵	馒头 mán tou	만또우	춘권	春卷 chūn juǎn	춘쭈안
난자완스	南煎丸子 nán jiān wán zǐ	난찌엔완쯔	유산슬	溜三丝 liū sān sī	류산스
해파리냉채	海蜇冷菜 hǎi zhé lěng cài	하이쩌렁차이	깐쇼새우 볶음밥	乾烧虾仁炒饭 gān shāo xiā rén chǎo fàn	깐샤오샤런차오판

돼지갈비	猪排 zhū pái	쭈파이	디저트	甜点 tián diǎn	티엔띠엔
밥	饭 fàn	판	뷔페	自助餐 zì zhù cān	쯔쭈찬
비프스테이크	牛排 niú pái	뉴파이	빵	面包 miàn bāo	미엔빠오
샌드위치	三明治 sān míng zhì	산밍쯔	샐러드	沙拉 shā lā	샤라
스튜	顿汤 dùn tāng	뚠탕	스파게티	意大利面 yì dà lì miàn	이따리미엔
스프	粥 zhōu	쪼우	아이스크림	冰淇淋 bīng qī lín	삥치린
야채스프	蔬菜汤 shū cài tāng	슈차이탕	오믈렛	煎蛋卷 jiān dàn juǎn	찌엔딴쭈안
카레	咖喱 gā lí	카리	피클	酸黄瓜 suān huáng guā	쏸황꽈
토스트	吐司 tǔ sī	투스	훈제연어	熏制鲑鱼 xūn zhì lián yú	쑨쯔리엔위
스테이크정식	牛排套餐 niú pái tào cān	뉴파이따오찬	미디움	中等熟 zhōng děng shú	쯍떵슈
웰던	全熟 quán shú	추안슈	레어	半熟 bàn shú	빤슈
햄버거	汉堡包 hàn bǎo bāo	한빠오빠오	음료	饮料 yǐn liào	인랴오
콜라	可乐 kě lè	커러	커피	咖啡 kā fēi	카페이
칼	刀 dāo	따오	나이프	小刀 xiǎo dāo	샤오따오
포크	餐叉 cān chā	찬차	컵	杯子 bēi zǐ	베이쯔
개인접시 (앞접시)	小碟子 xiǎo dié zǐ	샤오띠에쯔	냅킨	餐巾纸 cān jīn zhǐ	찬진쯔

저자 | 김용덕

★ 중국인민대학 경제학박사
★ 성균관대학교 무역연구소 연구원
★ 천진재경대학 객원교수
★ 성균관대학교, 강남대학교 등에서 중국경제와
   중국학 등을 강의
★ 現재 중국 시안 총영사관 근무

저자 | 宋歆

★ 성균관대학교 대학원 무역학과

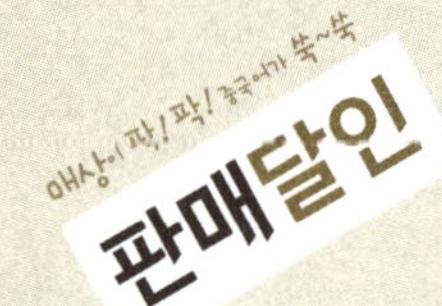

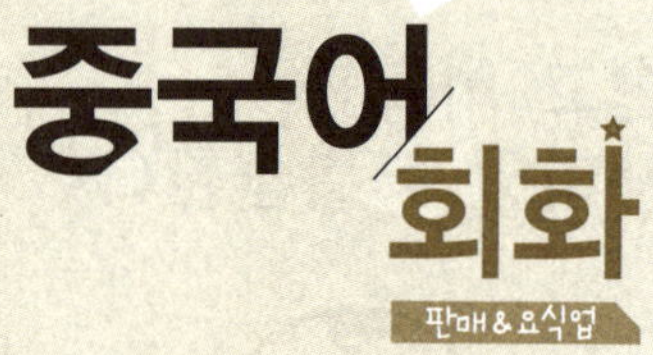

1판 1쇄 2014년 11월 25일
Editorial Director 김인숙
Printing 삼덕정판사

발행인 김인숙
Cover Designer 김미선

발행처 (주)동인랑
Designer 김라임

139-240
서울시 노원구 공릉동 653-5

대표전화 02-967-0700
팩시밀리 02-967-1555
출판등록 제 6-0406호
ISBN 978-89-7582-538-5

인터넷의 세계로 오세요!

www.donginrang.co.kr   webmaster@donginrang.co.kr

동인랑 에서는 참신한 외국어 원고를 모집합니다.